高等职业学校酒店管理专业教材

前厅与客房
运营管理

栗书河 ◎ 主　编
张大公 ◎ 副主编

中国轻工业出版社

图书在版编目（CIP）数据

前厅与客房运营管理 / 栗书河主编. —北京：中国轻工业出版社，2016.8

高等职业学校酒店管理专业教材

ISBN 978-7-5184-1012-5

Ⅰ.①前… Ⅱ.①栗… Ⅲ.①饭店－商业管理－高等职业教育－教材 ②客房－商业管理－高等职业教育－教材 Ⅳ.① F719.2

中国版本图书馆CIP数据核字（2016）第150860号

策划编辑：史祖福

责任编辑：史祖福 曾 娅　　责任终审：劳国强　　封面设计：锋尚设计

版式设计：锋尚设计　　　　　责任校对：晋 洁　　　责任监印：张 可

出版发行：中国轻工业出版社（北京东长安街6号，邮编：100740）

印　　刷：三河市万龙印装有限公司

经　　销：各地新华书店

版　　次：2016年8月第1版第1次印刷

开　　本：787×1092　1/16　印张：9.25

字　　数：213千字

书　　号：ISBN 978-7-5184-1012-5　　定价：24.00元

邮购电话：010-65241695　传真：65128352

发行电话：010-85119835　85119793　传真：85113293

网　　址：http://www.chlip.com.cn

Email：club@chlip.com.cn

如发现图书残缺请直接与我社邮购联系调换

160536J2X101ZBW

PREFACE 前言

为贯彻落实《国务院关于加快发展现代职业教育的决定》及《现代职业教育体系建设规划（2014—2020年）》，深化改革，推动"专业设置与产业需求对接，课程内容与职业标准对接，教学过程与生产过程对接"，推行项目教学、案例教学和工作过程导向教学等教学模式。以信息技术应用丰富教学手段，利用信息化手段扩大优质酒店管理教育资源覆盖面，推进酒店管理职业教育资源跨区域、跨行业共建共享，逐步实现酒店管理优质数字教育资源在酒店行业全覆盖的目标。开发适应线上和线下互动学习的"双课堂"教学模式的课程教材体系，由实践经验丰富的酒店管理专业人员为研发主体，以酒店管理人员岗位工作胜任力培养为目标，结合高等职业院校教育教学特点，开发此套"高等职业学校酒店管理专业教材"。

1. 基于酒店管理岗位胜任力框架开发的课程内容

本套教材课程内容是根据现代酒店企业管理岗位设置及其工作职责任务的通用框架，在归纳整理的酒店管理典型工作任务岗位胜任力模型基础上，开发出典型的学习单元模块，包括完成酒店经理人岗位的工作任务所必需的基本知识、技能、态度等内容，适合高职高专毕业生及酒店管理培训生学习使用。

2. 支持课程内容可持续更新的教材建设模式

本套教材是按照基于酒店管理岗位典型工作任务胜任力框架开发的学习单元项目，按照学习任务项目的变化调整，在主体课程框架不变的基础上，单独调整学习任务点，也可以单独调整学习内容、学习资源，使整体教材可以灵活更新升级，保持教学内容与实践工作要求与时俱进。

3. 教学环节设计

教师按照教材学习单元模块，依照项目学习内容，组织课堂教学活动，安排学生课下完成学习任务。

4. 本书课程内容设计

本书针对高职高专酒店管理专业"前厅与客房运营管理"课程数字化教学改革需要，按照酒店前厅职能管理、前厅业务管理、客房部职能管理、客房业务管理划分学习单元，以学习项目展开及案例研讨为主要内容，阐述国内外最新实践成果与经验，让读者系统地了解相关工作理念、方法以及工作过程中的技巧和技能，形成前厅与客房运营管理工作的基础能力。

学习单元		学习项目	教学授课时数
1 前厅职能管理	1	酒店住宿业	2
	2	前厅部职能	4
	3	前厅收益管理	4
2 前厅业务管理	4	前厅运转业务	4
	5	酒店预订业务	4
	6	前厅会计审计	4
3 客房部职能管理	7	客房部职能	4
	8	客房部库存管理	4
	9	客房部预算控制	4
4 客房业务管理	10	客房清洁管理	4
	11	客房专业管理技术规范	4
	12	客房固定建筑设施设备专业规范	4
学分建议配值	3	学时建议安排	46

由于编者水平有限，加之编写时间仓促，书中如有遗漏错误之处，恳请广大读者批评指正。

编者

2016年6月

CONTENTS 目录

学习单元一 前厅职能管理 9

项目1 酒店住宿业 10
一、酒店定义与类型 10
二、酒店的服务标准 15
三、酒店产权与加盟 16

项目2 前厅部职能 21
一、前厅部运转 21
二、前厅部的沟通 29
三、前厅部与酒店其他部门间沟通 32

项目3 前厅收益管理 35
一、收益管理的基本原理 35
二、前厅收益管理的基本内容 35
三、前厅收益管理的操作流程 36
四、平均房价及其计算方式 39
五、预测营业收入 40

学习单元二 前厅业务管理 45

项目1 前厅运转业务 46
一、宾客入住登记 46
二、排房和确定房价 48
三、发放钥匙 51
四、换房与续住 51
五、离店服务程序 51
六、前厅资料处理 54

项目2 酒店预订业务 57
一、酒店预订的种类 57
二、预订销售的步骤 59
三、超额预订和订房纠纷处理 61
四、预订报告 63

项目 3　前厅会计审计 66
一、前台常用单据流程 66
二、前台夜审流程 67
三、财务审核流程 70

学习单元三　客房部职能管理 77

项目 1　客房部职能 78
一、客房部职能 78
二、客房部工作任务清单与职务说明 79
三、客房部受理前厅部信息流程 82
四、客房部与工程部信息责任 83
五、客房部工作计划制订 83

项目 2　客房部库存管理 94
一、布草管理 94
二、制服管理 97
三、客人借用品管理 99
四、清洁用品管理 100
五、客用品管理 100
六、客房一次性用品控制和管理 100

项目 3　客房部预算控制 104
一、客房部预算 104
二、客房部预算编制方法 106
三、预算的管控 109
四、客房部费用预算公式 110

学习单元四　客房业务管理 113

项目 1　客房清洁管理 114
一、客房清扫操作的原则 114
二、客房清扫准备工作 115
三、清洁客房步骤 116
四、开夜床及保洁 119

五、前台区域保洁要求 119
六、会议室及行政区域保洁标准 125
项目 2　客房专业管理技术规范 **128**
一、查房专业规范 128
二、酒店常用清洁剂专业规范 130
三、客房消毒杀菌专业规范 133
项目 3　客房固定建筑设施设备专业规范 **138**
一、客房天花板选择规范 138
二、酒店墙面建筑与装修规范 139
三、酒店家具配置 140
四、客房卧床 143
五、酒店客房地毯 144
六、客房地面材质与养护 146

参考文献 **148**

学习单元一

前厅职能管理

项目 1　酒店住宿业

学习目标

- 能够概括说明酒店的定义；
- 能够概括说明酒店类型与分类形式；
- 能够准确叙述酒店服务的特点与等级；
- 能够简要说明酒店集团类型情况。

课程内容

一、酒店定义与类型

（一）酒店定义

酒店（HOTEL）一词来源于法语，当时的意思是贵族在乡间招待贵宾的别墅，在港澳台地区及东南亚地区被称为"酒店"，在中国大陆被称为"酒店""饭店""宾馆""旅店""旅馆"等。通常国内的南方地区普遍称为酒店，北方多称为饭店。

从酒店的称谓与功能可以找到对酒店的定义特征，一个具有国际水准的酒店首先要有舒适安全并能吸引客人居住的客房，具有能提供有地方风味特色的美味佳肴的各式餐厅，还要有商业会议厅，贸易洽谈时所需的现代化会议设备和办公通信系统，旅游者所需要的康乐中心。游泳池、健身房、商品部、礼品部，以及综合服务部，如银行、邮局、电传室、书店、花房、美容厅等。同时，各部门要有素质良好的服务员，向客人提供一流的服务。

今日的国际酒店业被称为"旅游工业"。所谓工业，它该表达是大量的、科学的、专业的以及有效率的事业。归纳起来，现代酒店应具备下列基本条件：

- 它是一座设备完善的、众所周知的、且经政府核准的建筑。
- 它必须提供旅客的住宿与餐饮。
- 它要为旅客以及顾客提供娱乐的设施。
- 还要提供住宿、餐饮、娱乐上的理想服务。

> 它是营利的，要求取得合理的利润。

（二）按照传统分类法，酒店的类型

1. 商业性酒店（The Commercial Hotel）

所谓商业性酒店，就是为那些从事企业活动的商业旅游者提供住宿、膳食和商业活动及有关设施的酒店。这类酒店都位于城市中心，商客居住的时间大都在星期一至星期五，这是从事商业活动的时间，酒店就成了商业旅游者从事商业贸易的场所。在周末，也就是在星期六和星期天是商业性游客的假日，因此很少来酒店订房、居住和办公。

商业性酒店的最大特点是回头客较多。因此，酒店的服务项目、服务质量和服务水准要高，要为商业旅游者创造方便的条件。酒店的设施要舒适、方便、安全，在这点上，商业性酒店更为明显。

世界国际酒店集团所属的酒店，绝大多数是商业性酒店。如纽约希尔顿酒店（New-York Hilton Hotel）、芝加哥凯悦酒店（Chicago Hyatt Hotel）、华盛顿马里奥特酒店（Washington Marriott Hotel）、日本东京帝国酒店（Tokyo Imperial Hotel）等。

2. 长住式酒店（Residenitial Hotel）

长住式酒店主要为旅客的一般性度假提供公寓式住宿，它被称之为公寓生活中心（The Centerofresidenital Life）。长住式酒店主要是接待常住客人，这类酒店要求常住客人先与酒店签订一项协议书或合同，写明居住的时间和服务项目。

长住式酒店已被我国有些酒店视为"保底收入的一种有效做法"。目前，我国还没有那种纯粹的长住式酒店，只是有部分在居住时间上为半年甚至一年以上的长住客人。我国有些酒店将其客房的一部分租给商店、公司，作为他们的办公地点、商业活动中心。

长住式酒店都是向长住商客提供正常的酒店服务项目，包括客房服务、饮食服务、健身和康乐中心等项服务。

长住式酒店一般收费较高，其原因是长住不是像一般游客那样在酒店就餐、购买纪念品及公共服务项目花费，因此商业收益价值应该加到客房服务的价格里；同时长住商客要求一些额外的客房设施，这也是增加费用的一个原因。

另外，长住式酒店需要提供比较现代化的电源设备、电传、电话、计算机、打印机和投影仪等。同时也要提供方便的交通、安静的住所。

3. 度假性酒店（Rosort Hotel）

度假性酒店主要位于海滨、山城等景观区或温泉附近。它要离开嘈杂的城市繁华中心和大都市，但是交通要方便。度假性酒店除了提供一般酒店所应有的一切服务项目以外，最突出最重要的项目便是它的康乐中心，因为它主要是为度假游客提供娱乐和度假场所（The Entertainment and Leisure Center）。为那些度蜜月的新婚夫妇提供各种酒店服务，特别是康乐中心尤为重要。因为度假游客在自己的游玩当中，还要进行社交活动，所以度假性酒店的文艺演出娱乐设施要完善，像室内保龄球、台球、网球、室内外游泳池、音乐酒吧、咖啡厅、迪斯科舞厅（Disco Club）、水上游艇、碰碰船、水上漂流（Drifting）、电子游戏厅以及美容中心和礼品商场都是不可缺少的。再有"付费点播"电视也是十分重要的。

度假性酒店不仅要提供舒适、暖人的房间，令人眷恋的娱乐活动和康乐设施，同时要提供热情而快捷的服务。

还有一点需要指明的是，度假性酒店要设在自然环境优美、诱人、气候好的热带地区，四季皆宜，树木常青，酒店要位于海滨。

我国部分海滨、沿海城市有度假性酒店。如北戴河、青岛、大连等地的酒店属于这一类型，但只是季节性的度假酒店。另外其设施、服务已是非常典型的度假性酒店，设施和服务已居国际水平。如深圳的西丽湖度假村、香蜜湖度假村酒店，珠海易乐园度假村以及长江宾馆均属度假性酒店，吸引了大批的港澳同胞、商客、日本游客前去度假。我国的海南即将成为中国的夏威夷、加勒比海，是我国度假性酒店的集中地，国内最理想的度假场所。

4. 会议酒店（Convention Hotel）

会议酒店是专门为各种从事商业、贸易展览会、科学讲座会的顾客提供住宿、膳食和展览厅、会议厅的一种特殊型酒店。

会议酒店的设施不仅要舒适、方便，有暖人的客房和提供美味的各类餐厅，同时要有大小规格不等的会议室、谈判间、演讲厅、展览厅等。并且，在这些会议室、谈判间里都有良好的隔板装置和隔音设备。

（三）按酒店的地理位置分类

1. 公路酒店（Highway Hotel）

公路酒店主要是为了适应游客自驾游的需要。目前自驾游在欧洲、美国是极为普遍的。游客驾驶汽车可以十分方便地住进公路酒店。公路酒店提供廉价、方便、舒适的住宿，膳食服务以及一些康乐活动。这类酒店一般还提供洗衣、电话以及停车场等项服务，它目前正在向综合型酒店发展。

2. 机场酒店（Airport Hotel）

机场酒店之所以得名是因为它位于机场附近，主要是为一些大型航空公司和飞机乘客服务，酒店为游客的暂时停留而提供舒适方便的住宿、饮食服务。客人在机场酒店停留的时间都在一天左右。目前北京丽都酒店（Lido Hotel, Beijing）、首都机场希尔顿酒店等都属于机场酒店类型。

3. 城市中心酒店（City Center Hotel）

城市中心酒店的特点一般与商业性酒店类似。

4. 风景区酒店（Resort Hotel）

风景区酒店位于风景区、山城、海滨地带，其特点与度假性酒店相同。

（四）根据酒店的规模分类

酒店的规模大小通常也反映出酒店的等级及提供服务的项目等级。

1. 小型酒店

小型酒店一般拥有100~300个房间，提供一般性的服务，如客房、餐厅、小酒吧和简单的康乐设施。小型酒店一般价格都比较低廉，适于对价格较为敏感的游客居住。

2. 中型酒店

中型酒店一般拥有300~500个客房，这是一般旅游者理想的休息娱乐场所。中型酒店价格比较合理，服务项目较齐全，设施也比较现代化，经营、管理比较容易，经济效益比较可观。

3. 大型酒店

大型酒店一般拥有500个以上客房，酒店设施和服务项目十分完备。设施有常年室内温度适中的中央空调系统、康乐设施、室内外游泳池、网球场、舞厅、音乐酒吧、闭路电视，特别是音响系统、现代商务办公系统、各种大小规格的会议厅、谈判室等设有分隔装置，提供客人所需的会议厅、宴会厅等。服务项目一般包括计算机网络预订系统、计算机网络总服务台系统、各类餐厅、地方风味餐厅、送餐服务、室内酒吧、公共服务部、提供电传、信件、兑换外币等各项公共服务。另外客房类型比较齐全，有豪华的总统套房、有较为豪华的套间、双人间和标准间等，也有商客适用的写字楼。客房内的陈设高档、舒适、方便，能为客人提供豪华的住宿环境。

大型酒店一般都称之为豪华酒店。大型酒店的设施也都比较豪华，服务项目也比较齐全，堪称综合服务项目，既周到又妥善。现代豪华的设施包括安全稳健的电梯、旋转餐厅、桑拿浴、康乐设施等现代先进项目。酒店营利比较高，但是难以管理，必须采用世界级酒店集团的先进科学管理体系，否则将容易出现酒店在激烈竞争中失败和倒闭的危险。

（五）根据酒店的建筑投资规模分类

1. 中低档酒店

根据国际酒店建筑投资标准，一般每个标准间（Standard）的建筑投资为2万~4万美元，其中包括建筑材料、室内装饰、各种设备、用具、陈设的费用。另外，也包括建造中所需的各种技术、人员训练费用等。这是中低档酒店每个标准间的建筑投资总费用。

客房除了卫生间常用洗漱用品以外，房间陈设包括沙发、写字台、彩色电视机、室内空调。每个标准间建筑面积为25平方米左右。

2. 中档及高档酒店

中档偏上等级酒店的投资费用，其每个标准间的建筑投资，包括建筑材料、室内装修所需的各种设备、用具、陈设的费用；建筑中所需各种技术、人员训练的费用等，总建筑投资为4万~6万美元。

客房的室内有设备较为先进舒适的卫生间，室内陈设的沙发、写字台、彩色电视机、中央空调系统、壁画、室内风景等用具都是优质名牌产品。中档偏上等的酒店每个标准间建筑面积为36平方米。

3. 豪华酒店

豪华酒店的投资费用，其中包括建筑材料、室内装修、大厅、走廊、公共康乐中心、健身设施、管理设施，如计算机预订系统、音响设备、室内陈设、用具的总费用；另外建筑中所需的各种技术、人员训练的费用等，它所需的建筑总投资费用为8万~10万美元。

客房室内设备有豪华级的沙发、写字台、两张座椅、室内用餐桌、室内酒吧（Minibar）、高级彩色电视机、备有"自动付费点播电影"系统，中央空调，名人字画、壁画、豪华级卫生间呼唤安全电话，室内先进的直播海外电话，音响系统等高级设施。豪华酒店每个标准间的建筑面积为47平方米。

客房宽敞、舒适、可以随意布置和安排室内陈设，各个方面都给人以豪华的感觉，特别是室内陈设和光线柔和的台灯、壁灯以及可调节多功能灯具都反映出豪华酒店的特征。

建造一所酒店的主要目的是出租房间，酒店客房收入占酒店总收入的50%~60%（世界标准）。所以投资总费用与建造一所酒店的客房总数有着重要关系，直接影响和决定建造酒店的等级标准，同时也决定酒店客房的出租价格。建造一所酒店的总投资成本除以预计建造酒店的总房间数（标准间），即得出一间标准间的平均建筑成本。

每间标准间的平均建筑成本，再除以1000即得出酒店客房的平均价格。这也是酒店业在建造一所新酒店制定平均客房价格所采用的"千分之一法"。

二、酒店的服务标准

为了促进旅游业的发展，保护旅游者的利益，便于酒店之间有所比较，国际上按照酒店的建筑设备、酒店规模、服务质量、管理水平，逐渐形成了比较统一的等级标准。通行的旅游酒店的等级共分五等，即五星、四星、三星、二星、一星酒店。我国旅游酒店星级标准的简要内容有以下几点。

（一）一星级酒店服务标准

一星级酒店设备简单，具备食、宿两个最基本功能，能满足客人最简单的旅行需要。要求清洁、舒适、价格合理。一星级酒店提供最有限的服务，不一定有24小时的总台和电话服务，可以没有餐厅，不要求任何奢侈项目，家具也不必豪华，但客房卫生及酒店保养必须良好，服务员应当彬彬有礼。

（二）二星级酒店服务标准

二星级酒店设备一般，除具备客房、餐厅等基本设备外，还有卖品部、邮电、理发等综合服务设施，服务质量较好，属于一般旅行等级。提供的服务比一星级酒店多，应具有如下部分设施服务（但不一定要求全部提供）：质量较高的家具；较宽敞的卧室、餐厅；所有房间装有电视；直拨电话或24小时服务的接线电话；客房送餐服务和游泳池。二星级酒店也谈不上豪华，但清洁和舒适则是必须具备的条件。

（三）三星级酒店服务标准

三星级酒店或汽车酒店设备齐全，不仅提供食宿，还有会议室、游艺厅、酒吧间、咖啡厅、美容室等综合服务设施。这种属于中等水平的酒店数量较多，因设施及服务良好而价格相对较便宜，在国际上最受欢迎。一般应包括三星级酒店可能具备的设施及服务。如果缺少某些项目，但又定为三星级酒店，那么这一酒店的某些设施是非常突出的。三星级酒店应当为客人提供十分舒适和愉快的旅居服务。

（四）四星级酒店服务标准

四星级酒店仅占酒店总数的29%,这些酒店设备豪华,综合服务设施完善,服务项目多,服务质量优良,室内环境舒适,提供优质服务。客人不仅能够得到高级的物质享受,也能得到很好的精神享受。四星级酒店的卧室比一般的大,要求有高质量的家具,最主要的是额外服务要齐全,全体员工必须经过良好的培训,要有礼貌,能够主动帮助客人解决困难或解决客人希望解决的问题。由于质量要求高标准,所以价格也高于一般酒店。但无论酒店的设施与装饰多么豪华,若有任何形式的宾客投诉,就不能评为四星级酒店。

（五）五星级酒店服务标准

五星级酒店是旅游酒店的最高等级,设备十分豪华,设施更加完善,除了房间设施豪华外,服务设施齐全。各种各样的餐厅、较大规模的宴会厅、会议厅,综合服务比较齐全,是社交、会议、娱乐、购物、消遣、保健等活动中心。此类酒店应当极为舒适,服务质量要求全国一流；必须有一个高级餐厅（尽管这个餐厅的等级不一定与该酒店等同,但必须提供一日两次的客房服务）；大堂美观,通常装饰精美的古董；若酒店大楼四周有空地环绕,则必须精心布置并设置园林,使每一个客人都觉得自己在这个酒店享受着贵宾的待遇。

三、酒店产权与加盟

（一）酒店管理模式的演进

全球范围内,早期的国际酒店集团多是通过购买不动产方式达到扩张的（如希尔顿、喜来登、斯塔特勒连锁酒店等）,20世纪50年代起,希尔顿酒店集团和假日酒店集团分别以委托管理和特许经营的方式扩张,到了20世纪90年代,越来越多的酒店集团通过特许经营和委托管理模式发展,直到目前发展壮大（表1-1）。另外,近年一些新兴的以强有力的技术资源为支撑的酒店联盟以及联销经营迅速崛起。

表 1-1　　　　　　　　国际酒店集团发展进程

发展阶段	时间	发展模式
区域发展	20 世纪初至 20 世纪 50 年代	通过投资酒店，购买不动产进行品牌培育及扩张
洲际发展	20 世纪 60—70 年代	以委托管理和特许经营为主要方式扩张
全球发展	20 世纪 80 年代至今	委托管理、特许经营、联销经营交错运用

（二）目前国际酒店集团的管理模式

各种经营模式在国际酒店集团中的运用可在表 1-2 中得到具体反映。

表 1-2　　　　　国际著名酒店集团所属品牌及经营模式

酒店集团品牌	主要品牌及经营模式
洲际（英）	洲际、皇冠假日、智选假日、英迪格等，特许经营约占 84%，委托管理约占 15%，带资管理及其他 1%
圣达特（美）	豪生、天天、速 8、戴斯等，全球排名第一的特许经营酒店集团，特许经营酒店数占 100%
万豪国际（美）	万豪、万丽、万怡、丽思、盖洛德、万豪行政公寓等，特许经营占 53.1%，委托管理 42.3%，带资管理及其他 4.6%
雅高（法）	索菲特、铂尔曼、美憬阁、诺富特、诗铂、美爵、美居、宜必思等，带资管理 46.5%；租赁酒店 21.8%，委托管理 15.4%；特许经营 16.3%；"索菲特"以委托管理为主
精品国际（美）	Clarion Hotels；Comfort inn&Quality Suits；Quality Inns, Hotel & Suites；Sleep Inn；Econo Lodge；Rodeway Inn；MainStay Suites 特许经营 100%，是位居世界排名第二的酒店特许经营公司，并引入新的经营模式：战略联盟
希尔顿（美）	希尔顿、华尔道夫、康莱德、希尔顿逸林等，特许经营 23.8%，委托管理 3%，带资管理及其他 73.2%
喜达屋（美）	瑞吉、福朋、W 酒店、至尊精选等，特许经营 41.8%，委托管理 28.5%，带资管理及其他 29.7%

续表

酒店集团品牌	主要品牌及经营模式
香格里拉（港）	香格里拉、商贸，以带资管理为主，委托管理为辅
凯悦（美）	凯悦、君悦、柏悦等，以特许经营为主

（以上统计资料截止时间为2004年1月，资料来源于网络搜集）

（三）国际酒店集团四种模式

1. 委托管理

委托管理是通过酒店业主与管理集团签署管理合同来约定双方的权利、义务和责任，以确保管理集团能以自己的管理风格，服务规范，质量标准和运营方式来向被管理的酒店输出专业技术、管理人才和管理模式，并向被管理酒店收取一定比例的"基本管理费"（占营业额的2%~5%）和"奖励管理费"（占毛利润的3%~6%）的管理方式。

2. 特许经营

特许经营是以特许经营权的转让为核心的一种经营方式，利用管理集团自己的专有技术与品牌与酒店业主的资本相结合来扩张经营规模的一种商业发展模式。通过认购特许经营权的方式将管理集团所拥有的具有知识产权性质的品牌名称、注册商标、定型技术、经营方式、操作程序、预订系统及采购网络等无形资产的使用权转让给受许酒店，并一次性收取特许经营权转让费或初始费，以及每月根据营业收入而浮动的特许经营服务费（包括：公关广告费、网络预订费、员工培训费、顾问咨询费等）的管理方式。表1-3是委托管理与特许经营模式的比较。

表1-3　　　　委托管理与特许经营模式比较

经营模式	要求	优点	区别	代表企业
委托管理	较强的酒店管理经验和能力	对下属酒店进行紧密的控制与管理；减少投资风险	管理输出、直接经营管理权，利润较高	雅高集团、万豪集团、喜达屋集团

续表

经营模式	要求	优点	区别	代表企业
特许经营	有较强品牌实力及经营、管理和服务运作的能力	有效的低成本扩张和品牌输出；减少直接投入和资金风险；加盟店有助于提高品牌影响率与市场占有率	没有直接经营管理权，只有监督及指导权，利润较低	喜来登集团、圣达特集团、精品国际集团、洲际酒店集团

3. 带资管理

带资管理是通过独资，控股或参股等直接或间接投资方式来获取酒店经营管理权并对其下属系列酒店实行相同品牌标识、相同服务程序、相同预订网络、相同采购系统、相同组织结构、相同财务制度、相同政策标准、相同企业文化及相同经营理念的管理方式。香格里拉酒店集团是在我国最早采用此方式的国际酒店管理集团，2000年以前基本上以合资经营为主，对大多数管理的酒店持有绝对控股权。

4. 联销经营

近年来，伴随着全球分销系统的(GDS)普及和互联网实时预订功能的实现，国外的"联销经营集团"应运而生并且发展迅猛。酒店联销集团是由众多的单体经营管理的酒店自愿付费参加并通过分享联合采购、联合促销、联合预订、联合培训、联合市场开发及联合技术开发等资源共享服务项目而形成的互助联合体。

任务训练

一、简述题

1. 请就酒店的定义说明自己的认识。
2. 请举例介绍酒店分类。
3. 请制作酒店服务等级标准的PPT在课堂交流。

二、要求组成学习小组，完成课堂讨论

1. 学习小组讨论的规则

在独立思考后，仍有疑惑需要解决，先是一帮一，两人间的讨论，如还有困难，再扩展为4人或5人间的讨论。如遇到较难的问题记录下来，班级讨论。

2．学习小组讨论的形式

（1）自由发言式　学生可以在小组中自由发言，同学们热烈讨论，各抒己见。

（2）轮流发言式　小组成员围绕一个中心问题挨个发言，一人不漏。

（3）一帮一讨论式　当部分学生在难题面前尽最大努力也不能解决，而教师又无法加以个别指导的时候就可以采用这种讨论方式。

前厅部职能

项目 2

学习目标

➢ 能够准确勾画大型酒店前厅部组织机构图；
➢ 能够准确叙述前厅部主要管理岗位的主要职责任务；
➢ 能够叙述前厅部沟通信息的特点与形式；
➢ 能够说明前厅部与其他部门沟通协调的主要内容。

课程内容

一、前厅部运转

（一）组织机构及岗位设置

1. 大型酒店前厅部的组织机构

在大型酒店的前厅部通常设有部门经理、主管、领班、服务员四个层次的岗位（图1-1）。

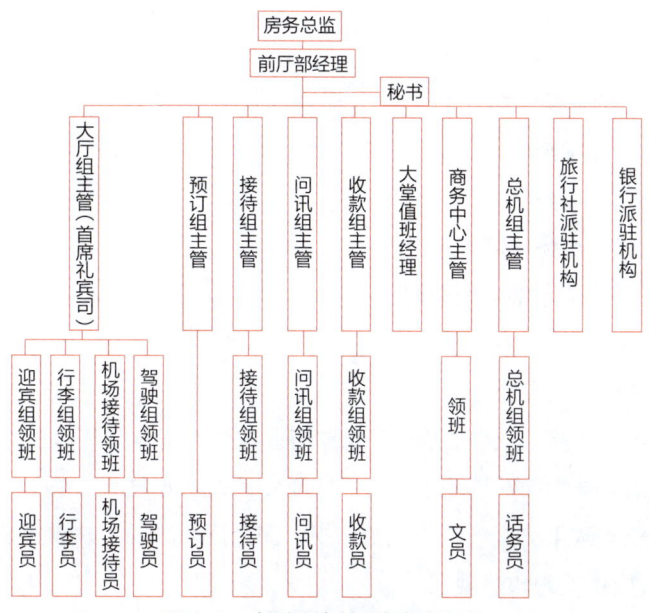

图1-1 大型酒店前厅部组织机构

2. 中型酒店前厅部组织机构

中型酒店前厅部下设的工种减少、层次减少，由部门经理、领班、服务员三个层次构成（图1-2）。

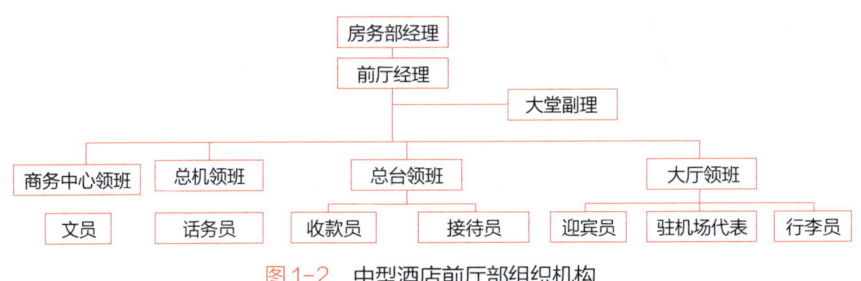

图1-2 中型酒店前厅部组织机构

3. 小型酒店前厅部组织机构

小型酒店前厅部组织机构一般为总服务台，总服务台设总台服务员，负责订房、问讯、接待、收款等多项接待工作。另外，还设有电话总机话务员、大厅服务员两个工种（图1-3）。

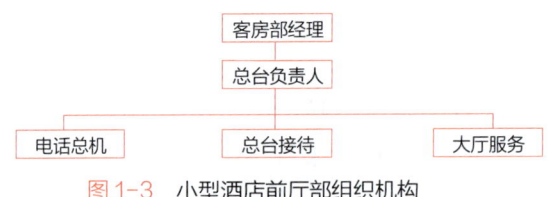

图1-3 小型酒店前厅部组织机构

（二）前厅部重点岗位职责与任职条件

1. 前厅部经理岗位职责

职位：前厅部经理

所属部门：房务部

直属上级：房务总监或总经理

直属下级：前厅部经理助理

资质要求：

（1）学历　大专以上。

（2）工作经验　从事酒店前厅部同等职位管理工作3年以上。

（3）语言能力　熟练的中英文语言及文字表达能力。

（4）应知政策法规　中外旅游法规、安全管理法规，并掌握涉外纪律和涉外工作人员相关的政策规程。

（5）应会专业技能与知识　掌握酒店管理知识、涉外礼仪、各国文化背景知识和前厅运作的工作技能，有较好的人际关系和处理宾客投诉的能力。

（6）基本素质　心理素质稳定，有较强观察力、分析能力和记忆力，且具备一定销售能力，责任心强，有组织能力和进取精神。

（7）身体条件　身体健康，容貌端庄，男身高1.70米以上，女身高1.60米以上。

工作范围：在房务总监领导下，做好前厅部各分部管理工作，并与其他部门配合、协调、保障酒店的各项经营指标得以落实，各项工作达到四星级标准。

职责：

（1）根据酒店年度工作目标制订前厅部各项工作计划并组织实施，带领下属努力完成酒店的各项经营任务。

（2）按照酒店制定的制度与规范对本部门各项工作进行严格的质量管理，确保其达到四星级标准。

（3）制定前厅部各项岗位职责、操作规程和管理细则，对本部门人员配备、职务设置及聘用提供方案。

（4）代表前厅部参加酒店管理当局的各种工作会议，认真领会高管层意图并准确传达、及时落实；主持本部门工作会议，掌握基层实际情况并向上级提供改进工作的合理化建议。

（5）与客房部保持密切协作，确保所有可用客房和有偿服务得到及时有效的销售。

（6）做好客房出租情况的分析与预测，并根据客情与相关部门搞好协作，保障宾客对全酒店各个服务环节的满意度。

（7）负责检查确认VIP的预订和分房，关注VIP入住接待工作全过程，并安排落实好涉及前厅各分部工作范围的所有细节，确保VIP的满意度。

（8）在会议、团体接待过程中，督导下属认真做好团队预订和分房工作，同时与会务组、前厅部保持密切联系，努力协调好店客关系，提高接待服务质量。

（9）与相关部门加强配合，及时圆满地解决宾客投诉，向高管层汇报宾客建议和意见，并运用良好的宾客关系开展前厅工作。

（10）负责做好本部门的物资管理、成本控制和节能降耗工作。

（11）负责本部门的业务培训工作，并对下属的业绩进行考核和评估。

（12）加强与酒店其他部门的沟通、协调、不断改进工作方法，完善各项工作流程、程序，提高工作效率和质量。

（13）督导各分部做好报表资料和客史档案的制作、完善以及文档管理工作，保证各种重要经营管理资料、数据的完整性，防止外泄。

（14）每日巡视所辖分部工作区域，检查设备运行、设施维护、公共秩序和宾客安全等情况。

（15）负责本部门的人力资源管理工作，与下属员工保持密切沟通，掌握员工思想动态，做好思想工作，有效控制员工流动率。

（16）负责本部门文化建设工作，策划和组织员工文体娱乐活动。

（17）认真、按时地完成当日计划内工作和上级交付的其他任务并及时反馈。每日填写工作日志交总经理审阅。

2. 大堂副理岗位职责

职位：大堂副理

汇报上级：前厅部经理

直属下级：

资质要求：

（1）学历　高中或中专以上。

（2）工作经历　具有 2 年以上星级酒店同等职位工作经历。

（3）语言能力　能流利使用普通话和至少掌握一门以上外语。

（4）应知政策法规　中外旅游法规、安全管理法规，并掌握涉外纪律和涉外工作人员相关的政策规程。

（5）应会专业技能与知识　掌握酒店管理知识、熟知旅游酒店行业规范，有较好的人际关系，能处理宾客投诉和紧急情况的能力。

（6）基本素质　心理素质良好、气质风度好、责任心强，有进取心和协作精神。

（7）身体条件　身体健康，体态均匀，外表端庄，男，身高1.70米以上，女，身高在1.60米以上。

工作范围：在酒店各部门及大堂区域，代表总经理督导各部门对客服务质量和效率，处理宾客的投诉、特殊要求以及紧急事件，通过与各部门协调与合作。提高宾客的满意度和酒店品牌形象，维护酒店、宾客和员工各方的合法权益。

职责：

（1）组织并参与前厅部日常工作管理，对大堂区域进行细致检查，内容包括：员工考勤及其交接班情况，礼貌礼仪、仪表仪容情况，大堂灯光控制及背景音乐和店旗升降情况，卫生和秩序状况等。确保所有装饰物品，宣传品及对客服务设备、用品的完好和摆放位置与酒店的规格、标准相符。

（2）检查大堂区域的设施设备运转情况，对已报修项目进行跟催，对新发现问题及时督促报修。

（3）每班不定期检查住客名单和《宾客入住登记表》及境内外旅客证件照扫描传输情况，发现问题及时纠正和补救。并及时发现未经通知或登记、扫描传输的 VIP、常客、特殊客人和可疑人员，并报告上级以便做出相应处理。

（4）查阅当日预订情况和预订排房情况，亲自做好贵宾房的预排工作和接待准备工作并通知相关部门，检查每日住店 VIP 及特殊客人服务情况，熟悉其他在住客人资料，安排探望伤病客人。

（5）了解当日会议、团体接待情况，与前厅部密切协作，在会前、会中和会后分阶段跟进检查接待和服务工作质量并及时反馈。

（6）征求了解宾客意见和需求，接受并处理宾客投诉，在各部门及值班经理协助下，合理利用酒店一切资源尽量为客人解决问题，维护良好的宾客关系，适时推销产品，并为酒店改进服务流程，服务质量提供有益信息和建议。

（7）当值期间，巡视大堂内外区域，并做记录，及时通知有关部门人员改进软、硬件方面问题，重要情况和意见要及时作出果断处理并以书面形式向上级主管领导汇报。

（8）随时关注大堂区域内宾客动向及各岗位工作状况，对礼宾、接待、收银等岗位及时进行协助和补位。

（9）维持大堂区域秩序和环境的宁静、整洁，保护宾客的人身和财产安全，及时发现并制止吸毒、赌博、喧哗、酗酒、危险游戏、不雅行为和争执纠纷等。

（10）了解当天离店客人情况，督导并协助接待处，收银处处理工作中的各种疑难问题，如：超时预订、签单超额、延迟退房、逃账黑名单、账务冲减和客人赔款等。

（11）及时上报本班发生的紧急事件，并按《紧急事件行动预案》处理。

（12）做好完整、详细的当值日志，认真交接班，将其中特殊的突发事件和具有代表性的制作内容呈报上级。

（13）接待来自政府职能机关，执法部门的各种检查和同行的参观拜访，根据不同的性质和重要度分别通知值班经理或有关部门负责人。

（14）协助保安部调查异常事件及可疑人物。

（15）协助前厅部经理，做好员工的业务培训工作。

（16）完成上级分配的其他工作。

3. 总台接待领班岗位职责

职位：总台接待领班

所属部门：前厅部

汇报上级：前厅部经理助理

资质要求：

（1）学历　高中或中专以上文化程度。

（2）工作经历　具有 2 年以上四星级酒店接待员工作经历。

（3）语言能力　具备基础英语口语会话能力及能标准地运用普通话交流。

（4）应知专业知识及技能　懂涉外纪律、国家安全法、保密法，能熟练操作计算机。

（5）基本素质　具有主动服务意识，礼节礼貌较好，心理素质稳定，具备一定的销售能力，责任心强，有进取心。

（6）身体条件　身体健康，五官端正，男身高 1.70 米以上，女身高 1.60 米以上。

工作范围：督导总台接待处员工做好客房销售、入住登记、宾客问讯等服务工作。协助组织员工业务培训工作。

职责：

（1）每天检查房间状态；了解当日预抵团队、会议、VIP 和当日预离客人情况。

（2）检查、督导员工履行对客服务标准，确保员工按工作程序为客人服务。

（3）熟知房间出租情况，保证房价符合酒店价格政策，努力完成前台销售任务。

（4）与其他分部及外部门保持联系，协调合作。

（5）处理特殊情况，如客人不按期到达，延长住房日期，提前离店，客人投诉以及其他紧急事件。

（6）每日检查员工的仪容、仪表，行为规范，出勤和纪律情况。

（7）每日检查交班日志及营业报表的准确性。

（8）确保对客服务用品和办公用品储备充足。

（9）每日在规定时间内及时将住房资料传输给公安局，在每月 25 日按时制作月报表送往公安局外事科。

（10）做好每日员工的培训及考核工作。

（11）合理的做好员工的排班工作。

（12）完成上级安排的其他工作。

（13）填写交班本交上级审阅，在规定的时间内完成上级安排的其他工作。

4. 总台接待员岗位职责

职位：总台接待员

所属部门：前厅部

汇报上级：总台接待领班

资质要求：

（1）学历　高中或中专以上文化程度。

（2）工作经历　具有星级酒店同等职位工作经历。

（3）语言能力　具备简单的英文口语能力及能通畅地运用普通话交流。

（4）应知专业知识及技能　懂涉外纪律、国家安全法、保密法，能熟练操作计算机。

（5）基本素质　具有主动服务意识，礼节礼貌较好，同时富有耐心。

（6）身体条件　身体健康，五官端正，男身高1.70米以上，女身高1.60米以上。

工作范围：向客人提供入住、问询及其他服务，做好柜台销售工作。

职责：

（1）记事簿上签到并仔细阅读上一班未完成事项。

（2）熟悉掌握前厅接待的工作程序。

（3）负责为宾客办理入住登记手续，耐心回答宾客的询问。

（4）掌握当天及未来一段时期内的酒店房间供应情况，主动为宾客提供服务，用微笑接待宾客。

（5）了解当天在酒店举办的各项重要团队活动、会议和宴会、以便做好针对性服务及VIP接待等。

（6）制定前厅有关统计报表，及时与有关部门沟通情况。

（7）管理酒店客用房间钥匙，做好各班次和收银的交接记录工作。

（8）保持工作区域的清洁卫生，保持各种工作用表及文件夹摆放整齐，井然有序。

（9）积极宣传和销售客房及其他酒店服务项目。

（10）在交班本上清楚规范地记录当日所发生的重要事情、宾客信息及宾客意见。

（11）完成上级分配的其他任务。

5. 商务中心文员岗位职责

职位：商务中心文员

所属部门：前厅部

汇报上级：商务中心领班

资质要求：

（1）学历　高中文化或相当于中专文化程度。

（2）工作经历　具有一定星级酒店工作经验。

（3）语言能力　能流利地运用简单的英文口语及普通话交流。

（4）应知专业知识及技能　懂保密法，能熟练操作计算机、传真机等机器设备。

（5）基本素质　具有主动服务意识，礼节礼貌较好，同时富有耐心。

（6）身体条件　身体健康，五官端正，男身高1.70米以上，女身高1.60米以上。

工作范围：提供各项商务服务，并做好有关记录。

职责：

（1）熟练使用商务中心的各种设备，掌握当地通信、交通方面的知识。

（2）负责传送各种报表，整理报纸杂志，制作当班收入报表以及设备保养。

（3）为客人提供打字、复印、传真、拨打电话、上网服务。

（4）为客人联系并办理订购火车票和飞机票服务。

（5）为客人提供秘书服务。

（6）做好环境卫生和清洁工作，保养维护所有的机器和设备。

（7）按照对客服务标准对客人服务。

（8）推销酒店其他服务项目。

（9）制作商务中心营业收入日报表上交财务部。

（10）完成上级安排的其他工作。

6. 礼宾员岗位职责

职位：礼宾员

所属部门：前厅部

汇报上级：礼宾部领班

资质要求：

（1）学历　高中以上文化程度。

（2）工作经历　具有2年以上的酒店行李部工作经历。

（3）语言能力　普通话标准，能用简单的英语口语进行交流。

（4）应知专业知识及技能　懂涉外礼仪，与财物保管有关的知识和政策法规。

（5）基本素质　具有主动服务意识，礼节礼貌较好，性格随和，富有耐心。

（6）身体条件　身体健康、五官端正、体态均称，男性身高 1.70 米以上。

工作范围：为客人提供行李搬运、寄存服务和邮件、报刊递送等服务。

职责：

（1）掌握酒店客房状态，客人情况，以及回答客人可能提问。

（2）寄存行李，收送行李。

（3）向客人介绍房间设施。

（4）向客人推销酒店服务项目。

（5）解答客人提出的问题，主动帮助客人解决困难。

（6）帮助需要出租车的客人叫车。

（7）帮助客人开车门及拉开酒店大门。

（8）按照对客服务标准工作。

（9）当班结束后与下一班做好交接工作。

（10）准确记录当班期间客寄存、客遗留物品、委托代办等相关事项。

（11）做好安全工作，防火、防盗、防事故，发现闲杂、可疑人员，应主动礼貌地上前询问，并及时向大堂副理汇报。

（12）完成上级安排的其他工作。

二、前厅部的沟通

（一）沟通原理

1. 沟通协调的定义

沟通是传递信息。但是，要使沟通具有效果，不仅要满足信息的传递，还要使信息传递者的思想、感情、意见和态度能全部被对方所了解，这样才能称作是有效的、成功的沟通。沟通协调从管理科学的角度来讲，是指相关对象之间所进行的信息传递和接受的过程，以及从合作角度对有关事项，如完成服务任务，解决冲突、矛盾等方面所进行的配合和努力。

2. 沟通的作用

如何更好地进行与客人及部门之间的沟通和协调，这要求各部门的工作人员都能明确沟通协调的作用，掌握沟通协调的方式，运用正确的沟通协调渠道来进行具体的工作。

在日常工作中，沟通协调所起到的作用通常有以下几点。

（1）通过沟通协调来向对方说明某事，使对方理解你的意图。

（2）通过沟通协调了解对方的真实意见及打算。

（3）通过沟通协调相互之间得到了承认，意见和观念相互被接受。

（4）通过沟通协调最后双方能够澄清误解，解决冲突、矛盾，以便相互协作。

在服务过程中，通过服务人员同客人良好的沟通、协调，能够了解客人的服务需求，让人真正地了解酒店所能提供的服务内容及相关服务设施情况，并根据这些进行同其他部门之间的沟通协调，同心协力，相互配合，共同完成客人的服务要求及对客服务过程。尤其是在解决客人投诉及处理由于工作原因而产生的部门之间的矛盾冲突过程中，有效地沟通、协调可以澄清相互之间的误解，解决具体的问题，避免因客人投诉及部门之间矛盾而对酒店的经营及对外声誉产生不良的影响。

3. 有效沟通应具备的条件

（1）具有明确的沟通目的或有沟通的必要。

（2）具有一定的沟通技巧。

（3）选择适当的沟通对象、渠道、方法和时机。

（4）及时搜集反馈信息。

（5）实现思想、感情、意见和态度的交流，使沟通双方对沟通的信息有一致的理解。

（二）沟通类型分析

根据沟通所需达成的基本目标，沟通包括信息沟通、情感沟通和文化沟通三部分。

1. 信息沟通

由于酒店客源购买酒店产品时，大多需要发生空间上的位移，因此要求酒店在沟通过程中，重点传递一些基本的认识性信息，以达到指导消费目的。一般酒店信息沟通的重点信息包括以下几点。

（1）基本信息　包括基本设施、基本服务项目、基本服务特色、酒店的基本定位等。

（2）交通信息　包括不同交通工具的运行状况、时间、价格等。

（3）天气信息　未来几天内天气基本情况。

（4）购物信息　当地的特色产品、主要商场的介绍。

（5）资源信息　当地或周边地区的主要旅游资源情况。

（6）金融信息　包括股票、期货行情、经济发展态势等。

因此对现代酒店而言,应成为一个"信息中心",指导客人更好地适应环境。

2. 情感沟通

情感沟通建立在信息沟通基础上,即在信息沟通的基础上,促成客人对酒店形成一种积极的感性认识,产生消费偏好。

很多时候,情感沟通借助于各种人性化的柔性语言、亲切适度的形体动作和表情语言来实现沟通的目的。

3. 文化沟通

文化沟通是沟通的最高境界,即酒店通过日常的服务活动、前厅活动,通过有形物质和无形服务等全面展示企业文化,在客人心目中树立一个独特、新颖、与众不同的企业品牌。

(三)前厅部沟通的基本方法

1. 书面形式

书面形式,即内部相关服务事项的备忘录、接待通知单、各种报表、表格、专题报告、相关文件、批示及对客的"宾客意见调查表",有关酒店服务内容的简介、杂志告示。

2. 语言形式

在利用语言进行沟通协调时,一定要注重语言使用的技巧性及准确性。

3. 会议形式

会议是一种面对面的最明朗的、最率真的联系和交流方法。会议也是一种主要沟通协调途径,如由总经理召开的各种协调会、各种例会、各班组的班前会和班后会等;通过会议可以帮助与会者就有关事项进行讨论、声明,达成协议,并可公开解决一定的冲突和矛盾。

4. 计算机系统

计算机系统具有迅速、准确、方便和信息共享的特点,是现代酒店沟通协调和信息处理的一个重要手段。

5. 工作日志

日志、记事本,示范点对客服务过程中各班组相互沟通、联系的纽带,主要用来记录本班组工作中发生的问题,尚未完成而需要下一班组继续处理的事宜等。酒店各部门、各环节、各班组均须建立此制度,以确保信息传递渠道畅通、迅速有效。

三、前厅部与酒店其他部门间沟通

前厅部各部门之间的相互协调以及前厅部与酒店其他部门之间的相互配合能保证操作程序的正常运行，完成对客服务。

（一）前厅部与客房部的沟通与协调内容

（1）及时通报客人入住和结账离店情况。

（2）每天将必要的客情信息以书面的形式通报客房部，递交《一周客情预报表》《贵宾接待通知单》《次日抵店客人名单》《团队、会议用房分配表》等文件，以对客房进行布置及控制。

（3）递交《特殊要求通知单》，以便客房部提前做好准备工作，以满足客人的特殊要求。

（4）递交《客房、房租变更一览表》，以通知有关用房和变动情况。

（5）递交《客房状态报告》《客房状态差异表》等，以协调好客房销售（前厅部职责）与客房管理（客房部职责）的关系。

（6）应积极参加客房清扫、维修、保养的检查。

（7）客房部应及时将走客房内所发现的遗失物品情况通知总服务台，以便进行处理。

（8）客房部应根据指令，派楼层服务员探视对叫醒无反应的客人。

（9）客房部应及时向总服务台通报客房异常情况，如双锁客房、紧急维修、在外过夜等。

（10）客房部应安排楼层服务员协助前厅行李员，搞好团队行李的运送、收集等服务，尤其是当住客不在房内时。

（11）前厅部与客房部员工互相接受交叉培训。

（二）前厅部与营销部的沟通与协调

（1）双方进行半年客房销售预测前的磋商，并研究决定酒店团队、会议客人与散客的接待比例。

（2）讨论决定出现超额预订时，酒店应采取的补救措施。

（3）总服务台以书面形式向营销部通报有关客情信息，如发送《一周客情预报表》《团队、会议用房分配表》《次日抵店客人名单》等表格。

（4）营销部将已获准的各种订房合同副本递交前厅部，以便落实执行。

（5）营销部应将团队、会议客人的详细订房情况，以书面形式报送客房预订处，以便预留客房。

（6）将团队、会议用房的变动情况，以及活动日程安排情况通报总服务台，做出相应的变更及解答客人的询问，以便提供所需的服务。

（三）前厅部与餐饮部的沟通与协调

（1）每天以书面形式发送报表，以通报客情信息。

（2）将订房客人用餐的特殊要求及房内鲜花、水果篮布置的要求，以书面形式通知餐饮部做好准备工作。

（3）掌握餐饮部营业点的服务项目、服务特色及最新收费标准等。

（4）协助餐饮部进行促销，如获取《宴会、会议活动安排表》，解答客人的问讯，发放餐饮推销的宣传资料等。

（四）前厅部与总服务台的沟通与协调

（1）双方应对信用限额、预付款、超时房费收取，以及结账后又再次发生费用等情况进行有效的沟通、协调。

（2）总服务台递交已制作的散客账单、登记表及复印好的信用卡消费单等，以便前厅收银处开立客人账户，累计客账等。

（3）总服务台递交已制作的团队主账单，供前厅结账处签收并合计客账。

（4）通报客情信息（抵店、离店），以便正确显示客房状况。

（5）将有关住客变换房间的信息，尤其涉及房租变化等信息，以书面形式通报前厅收银处，以便正确累计客账。

（6）双方应对每天的客房营业情况进行细致核对，以确保准确。

（五）前厅部与总经理室的沟通与协调

（1）及时向总经理室请示，汇报前厅部在对客服务过程中发生的重大事件。

（2）转交有关的邮件及留言单等。

（3）了解总经理的值班安排、去向，以便提供紧急的联系渠道。

（4）定期呈报酒店的《客情预报表》。

（5）递交《贵宾接待规格审批表》及《房租折扣申报表》等，供总经理审阅批准。

（6）通报每天的客情信息及客房部营业情况。

（7）与营销部配合，草拟酒店的客房销售政策（如信用政策、免费/折扣政策、定金/预付款政策等），呈报总经理室批准，并就执行过程中存在的问题进行沟通、协调。

（六）前厅部与其他部门的沟通与协调

（1）与人事培训部进行沟通、协调，开展前厅新员工的录用和上岗前的培训工作。

（2）与保安部、工程部进行沟通、协调，处理客房钥匙遗失后等问题。

（3）及时向康乐部传递客人的健身娱乐要求，满足客人的需要。

（4）了解各部门经理的值班安排与去向，以提供紧急的联系渠道。

（5）出现突发事故时与其他部门相互沟通、协调。

任务训练

一、简述题

1．前厅部与各部门是如何沟通的？

2．请就90间客房的酒店设计下前厅部机构设置与职能要求。

二、要求组成学习小组，完成课堂讨论

1．学习小组讨论的规则是

在独立思考后，仍有疑惑需要解决，先是一帮一，两人间的讨论，如还有困难，再扩展为4人或5人间的讨论。如遇到较难的问题记录下来，班级讨论。

2．学习小组讨论的形式

（1）自由发言式　学生可以在小组中自由发言，同学们热烈讨论，各抒己见。

（2）轮流发言式　小组成员围绕一个中心问题挨个发言，一人不漏。

（3）一帮一讨论式　当部分学生在难题面前尽最大努力也不能解决，而教师又无法加以个别指导的时候就可以采用这种讨论方式。

前厅收益管理

项目 3

学习目标

- 能够概括说明收益管理的原理；
- 熟悉营收管理的概念；
- 能够利用营收软件对前厅营收进行管理。

课程内容

一、收益管理的基本原理

美国万豪酒店集团董事长 J.W.Marriot 二世说："酒店最高层必须对酒店实施收益管理，CEO 则需要 100% 地支持这项工作。"

收益管理是酒店经营管理范畴中提高经营收益、加强管理的一项系统工程，应由酒店统筹安排，并由酒店总经理担纲收益管理系统的领导，支持和建立一套管理系统并保证系统有效工作。酒店收益管理的重点是使营销部和前厅部协调运作。

收益管理的基本原理即酒店的产品能在最佳时机，以最好的价格，通过最优的渠道，出售给最合适的顾客，以实现酒店收益的最大化。酒店通过对市场和客人的细分，对不同目的的顾客在不同时刻的需求进行定量预测；通过优化方法确定动态的控制，最终使酒店总收益最大化，确保酒店利润的持续增长。

二、前厅收益管理的基本内容

（一）酒店房务收入的各项结构

（1）协议客人房租收入（包括协议公司散客和团队客人、协议旅行社旅行团队收入、协议会议团客收入、协议长住房收入）。

(2)网络公司和订房中心协议房租收入。

(3)前厅散客房租收入。

(二)前厅收益管理的重点

酒店的协议、网络等房租收入,基本上是由营销部通过与相关企业签订协议方式实现,大体占到当期酒店房务总收入的75%~80%。酒店前厅运作的营销要是对散客的消费,前厅散客房租收入则占到当期酒店房务总收入的20%~25%。

前厅部的房价收益管理重点即充分使用酒店和社会各种资源,有效地提高门前散客的房价,做好客房经营数据、价格、历史档案、各类房价的细分档案、各时期的各房类的入住率、各种客史资料等前厅部的资料库。

三、前厅收益管理的操作流程

(一)对市场和顾客细分并进行需求预测

每一个酒店都有其自己的市场定位,顾客的分类、来源渠道和消费特点仍有许多不同之处,不同类别的客人消费的需求、价格和消费特点也有很大的不同,因此其消费行为模式也不一样。收益管理正是在细分市场和客人信息的基础上,对不同类别的客人需求进行相对准确的预测,并采用不同的预售方法和价格差异化的控制,实行动态管理和边际收益管理,让资源的使用风险最小化,酒店收益最大化。

酒店房务顾客基本是由三大块客人组成,即协议客人、网络订房客人和散客。

协议客人包括协议公司散客或团体客;协议旅行社的旅游团队;协议长住客;协议会议团客。这些客人的入住通常是由酒店的营销部门通过与相关企业签订订房合作协议而确定协议优惠价格入住,其中有些协议的价格如旅行团价、长住客价、会议团价双方可以根据季节和入住房间数、入住天数的多少加以升降协调。

网络订房公司和订房中心协议客人的房价一般是一年一签,基本不变。在一家酒店,由于市场和酒店本身的定位,上述这两类协议客人的房价收入一般占当期总房价收入的75%~80%,并且有一定的预订入住期。在协议客人中,网络订房散客房价最高,但需付佣金,占协议房价的8%~10%,协议公司散客房价次之,而会议团队又次之,旅行社团队的价格最低。

前厅散客一般没有预订，大体都是当即入住，这类客人的房价收入一般占当期总房价收入的 20%～25%，散客的入住价格比协议客人平均房价要高得多，通常会高出 50% 左右。因此，前厅的收益管理主要就是调控前厅散客这一块资源，以提高入住率和入住房价，让前厅的收益管理功能凸显。

（二）调控散客的入住比率

平均房价和平均入住率是影响酒店房务收益的两大因素，在酒店中，一般协议客人房价要低于散客房价，由于市场竞争激烈，营销部门会不断地千方百计地扩大协议客人的覆盖，散客的入住率会停留在较低水平，散客的房费收入对酒店的平均房价有着重要影响，如果要保障酒店平均房价的最大值，就需要酒店当局出面加以协调，适度调控好协议客人和散客各自的入住比率，才能使酒店平均房价最高。

【例】一家 300 间客房的酒店，如果当期入住率是 73%，平均房价为 300 元/间/天，则当期的客房出租收入为：

① 300 间 ×73%×300 元/间/天 =65700 元/天

要实现当期收入 65700 元/天，按协议客人总入住率 80%，平均房价 250 元/间/天，则散客平均入住房价要达到 500 元/间/天。

② 300 间 ×73%×80%×250 元/间/天 =43800 元/天

③ 300 间 ×73%×20%×500 元/间/天 =21900 元/天

① = ② + ③

从上面数字可以看出，散客平均房价 500 元/间/天比协议客人平均房价 250 元/间/天高出了 100%。可见，提高散客的入住平均房价对酒店当期的平均房价有很大的贡献率。

（三）动态价格管理

价格是顾客消费最敏感的因素，是最直接的销售管理杠杆，是酒店赢利增减的主要手段。酒店动态价格管理包括单一静态价格、多重价格、有市场竞争力的优化价格等。酒店动态价格包括了协议公司散客优惠价、旅游团队房价、会议团队房价、长住客房价、门前散客浮动价等。

（四）超额预订控制

由于预售和实际入住存在一定差异，因此酒店通常实行一定比例的超额预订，以减少这种预售和实际入住差异时的损失。超额预订的比例是一个基本合理的概率。确定超额预订量的方法有以下几种。

1. 核对预订

前厅部要在客人抵达前通过电话与提前很长时间就预订客房的客人进行多次核对，一旦变更迅速做出调整，并通知相关部门将客房重新预订或销售给其他客人。

2. 增加保证类预订

在酒店营业高峰如节假日、当地重大经贸活动时，对预订客户应当预收保证金或要求信用卡担保，将风险合理转嫁给客人。

3. 加强与营销部门协调

通常情况下酒店营销部门的营销员为了扩大本人业绩，一般会放宽对协议单位要求，由于大部分预订都来自营销部门的协议单位客人，所以应当加强对超额预订的控制，在产生超额预订时加强与营销部门的沟通，减少酒店损失。

4. 超额预订数公式

超额预订房数 = 预订临时取消预订房数 + 预计预订而未到的客人房数 + 预计提前退房数 − 预计延期离店房数

上述公式每一因素都有"预计"二字，要做到准确并不容易，必须靠对历史资料（各个营业时段营业数字）的积累和分析，并加强与营销部门的沟通，才能确定一个合适的比例。

（五）控制节假日和重大活动的价格

节假日和重大活动通常是酒店获取最大收益的最佳时段，对于平均房价的提升和净利润的增加有明显的拉动效应。在一个市场短暂的"求大于供"的时机，除了国家确定的三个"黄金周"，还有当地政府策划的重大商贸活动等，也应作为"黄金周"进行策划，对当期的房价进行调整提升，对于低价房如旅游团队给予数量控制

（六）团队销售和销售代理的管控

酒店应根据市场变化对团队销售及旅游团队价格进行调整控制，每年进行一次市场情况分析后重新调整新一期的价格。

（七）充分使用网络订房和订房中心的资源

网络订房和订房中心的出现和发展，是互联网时代的一种必然产物，也

是市场经济行业细分的一种结果。携程和艺龙等国内在线旅游公司，占据了网络订房业务 80% 以上的市场份额，而且许多通过携程、艺龙和其他订房中心订房的酒店已达到售房的 10%～11%，对于单体酒店或酒店集团的成员酒店来说，是一种可供利用的成本低、收益较好的资源，是酒店原有各种营销的一种有益补充。

当然，网络"订房中间商"的存在和发展使得酒店的一部分利润被分走。对酒店而言，不管是单体酒店或集团公司成员酒店，应充分使用这些网络订房代理的资源，以增加酒店的收益率。

（八）酒店附设资源管理

酒店前厅部在实施收益管理时，应安排前厅员工熟悉酒店的餐饮、娱乐设施和会议设施，对前厅员工进行营销培训，掌握营销技巧，掌握这些附设资源的情况、销售价格政策和价格细则，有针对性地开发这些附设资源，做好这些产品资源的销售。

（九）经营状况比较和分析

前厅部应将每一月的各种经营数据，包括入住率、各类房间、顾客细分、各种附设资源销售情况列出，与上一年的历史数据进行比较分析，再结合市场上同类别的竞争对手酒店的资料进行细致分析，把这些有参考价值的营销数据作为前厅制定各时期房价政策的决策依据，并向酒店总经理报告。

（十）结合顾客价值的收益管理

顾客的价值不能简单地用消费贡献来衡量，如在二线城市酒店的外国客人比较少，但即使这些外国客人的入住价格低于国内客人的价格，而他们带来的如消费理念、人文情调、外语氛围等综合价值，会改变酒店的综合效应。

四、平均房价及其计算方式

酒店出租率高并不意味着酒店的收入会很高。酒店收入的高低要由出租率与平均房价两个指标决定。

$$平均房价 = 客房总收入 \div 出租客房总数$$

（一）平均每间房收益

在酒店运营中，酒店管理者经常忽视一个很重要的概念——平均每间房收益（Revpar）。

平均每间房收益 = 客房总收入 ÷ 酒店总房数 = 出租率 × 平均房价

平均每间房收益和平均房价的区别：

平均房价 = 客房总收入 ÷ 出租客房总数

平均每间房收益 = 客房总收入 ÷ 酒店总房数

（二）酒店出租率、平均房价、平均每间房收益三者之间的关系

【例】如果我们把Revpar放在同一个水平，比较一下四家酒店有什么区别

酒店名称 （Hotel）	客房总数 （# of rooms）	出租率 （Occupancy）	平均房价 （Average Rate）	每间房收益 （Revpar）
A	200	84%	450	380
B	200	73%	520	380
C	350	79%	480	380
D	350	70%	540	380

A、B酒店客房总数都为200间，C、D酒店都为350间，要得到相同的每间房收益。
A酒店必须达到84%的出租率，如果其平均房价是450元；
B酒店的出租率很低，但其价格很高；
C酒店客房总数比较多，但是其要达到380元的平均每间房收益，必须达到79%的出租率和480元的平均房价；
D酒店出租率降低，平均房价升高。

五、预测营业收入

（一）预测运营收入的依据

预测收入是经营预算编制中的重点。酒店管理人员必须在有关经济环境、营销计划、资本预算编制和该部门过去详细财务成果的信息基础上，才能够预测本部门的收入。

1. 有关经济环境的信息内容

(1) 下一年度的预期通货膨胀(如通货膨胀预计为 4%)。

(2) 将增加的成本转移给顾客的经营能力。

(3) 竞争形势的变化——例如出现新的竞争者,原竞争者的倒闭等。

(4) 客人对酒店提供产品/服务的消费的预期水平(如产品和服务价格最多平均增长 5%,1 月 1 日至 7 月 1 日增长 2.5%)。

(5) 商务旅行趋势。

(6) 旅游者的出游趋势。

(7) 对于跨国经营来说,还需要考虑到其他因素和预期工资、价格控制和政治环境等。

2. 营销计划

为使管理者们能够编织预算,必须对营销计划及其包括的广告和促销计划有确定的参考内容。如下一年计划的广告内容与形式、在各种各样的广告活动中期望获得的结果、在预算年度中将执行的促销措施(包括开展时间、预计会产生效果、是否采用降低房价和优惠餐的周末促销等)。

3. 资本预算编制信息

资本预算编制信息包括增加资产和设备的时间,对于一家正在运行的酒店来说,必须预计客房装修的完工时间,以有效估计客房销售额。在预计下一年度的销售额和费用之前,也是必须考虑酒店的装修、客房增加等因素。

4. 历年的财务信息

历年的财务信息应该按部门详细记录,按月为基础对每种类型的客房的销售数量和按市场细分的平均售价——商务、团体、散客和长住客——都应列举。一般来说,前两年的财务信息是重要的参考数据。

(二) 预测客房收入

1. 递增预算编制法

以历年的财务信息作预测收入的基础,按照参考期的增长比率进行对应设定。例如,某酒店从 20×1 年至 20×4 年的客房收入如表 1–4 所示。

表 1-4　某酒店 20×1～20×4 年的客房收入

年份	金额 / 美元	比上一年增加	
		金额 / 美元	百分比 /%
20×1 年	1000000	—	—
20×2 年	1100000	100000	10
20×3 年	1210000	1100000	10
20×4 年	1331000	121000	10

从 20×1 年至 20×4 年，收入额每年增加 10%。因此，如果未来的情形和过去几年类似的话，则：20×5 年的客房收入预算应为 1464100 美元，比 20×4 年增加 10% 的客房收入。

2. 变量预测法

预算收入的另一种替代方法是把收入立足于单位销售量和价格上，通过在本年出租率及平均房价的基础上增加一个百分数，这种方法分别考虑了单位销售量和价格这两个变量。例如，20×1 年～20×4 年客房收入如表 1-5 所示。

表 1-5　20×1～20×4 年的客房收入、出租情况

年份	售出的客房数	出租率 /%	平均房价 / 美元	客房收入 / 美元
20×1	25550	70	40	1022000
20×2	26280	72	42	1103760
20×3	26645	73	45	1199025
20×4	27375	75	49	1341375

通过对上面的财务信息的分析可以发现，客房出租率 20×2 年比 20×1 增加了 2%，20×3 年比 20×2 年增加了 1%，20×4 年比 20×3 年增加了 2%。平均房价在过去 3 年里分别提高了 2 美元和 4 美元。

因此，假设未来情形和过去类似，预测可能出租率增加 1% 和平均房价

提高 5 美元作为预测 20×5 年客房收入的基础。预测客房收入的公式如下：

可供销售客房数 × 出租率 × 平均房价 = 预测的客房收入

这个方法仅被用于说明预测客房收入的这个过程。实际的方法应更详细，包括更深层的考虑，如：可供销售的不同类型和客房数及其房价，对不同的客人收取的不同房价（例如，会议团、商务游客和散客），与周末对比对工作日晚间住宿收取的不同房价，按季节性收取的不同房价（尤其是易受季节性变化影响的酒店）等。

（三）预测出租率方法

【例】一家五星级酒店有 350 间客房，9 日出租率为 90%，10 日退房数为 160 间，根据以下数据计算 10 日的出租率。

9 号的出租房数为： 350×90% = 315 间

当日在住房数为： 315–160 = 155 间

9 日出租房数		315
10 日当日退房数	−	160
10 日当日实际已预订房数	+	35
10 日当日预订	+	50
10 日无预订散客房数	+	20
10 日延住	+	12
10 日应到未到房数	−	1
10 日取消房数	−	15
10 日提前退房	−	10
10 日预测出租房数	=	246 间

具体运算过程

出租房数减掉当日的退房数就得到了当日在住房数；10 日当日实际预订房数是已知的；当日预订是要根据以前的规律推测的；当日实际预订房数、当日预订以及无预订散客房数都是要入住酒店的因而要加上；延住仍占用了客房总数，也要加进去。另外，应到未到房数、取消房数以及提前退房应该从总出租房数中减掉。通过上面的运算，可以得出 10 日预测出租房数为 246 间，从而得出预测出租率为 70%。

9 日的出租房数等于客房总数乘以出租率为 315 间，10 日当日退房数等于 160 间，10 日当日预测出租率：246÷350×100% = 70%

任务训练

一、计算题

1．房价计算练习

某酒店拥有客房330间，每间客房平均每年的固定成本为25000元，单位变动成本为20元，如果要使该酒店的年客房出租率在65%时就能达到保本，则房价定在多少？

2．某酒店的总造价约1.8亿元，有客房360间，在不考虑其他竞争对手价格的情况下，这家酒店怎样定价？

3．某酒店有180间可供出租的客房，如果在保持80%的出租率的情况下，实现年销售额2000万元的目标，价格应该定为多少？

4．房价计算练习

有ABC三家酒店，分别由顾客根据他们的客房舒适性、餐饮水平、服务周到程度等项目对它们打分，结果A酒店得了88分，B酒店得了79分，C酒店得了91分，如果A酒店的标准间房价为300元，则在顾客看来B、C两家酒店标准间的价格分别为多少比较合适？

二、要求组成学习小组，完成课堂讨论

1．学习小组讨论的规则

在独立思考后，仍有疑惑需要解决，先是一帮一，两人间的讨论，如还有困难，再扩展为4人或5人间的讨论。如遇到较难的问题记录下来，班级讨论。

2．学习小组讨论的形式

（1）自由发言式　学生可以在小组中自由发言，同学们热烈讨论，各抒己见。

（2）轮流发言式　小组成员围绕一个中心问题挨个发言，一人不漏。

（3）一帮一讨论式　当部分学生在难题面前尽最大努力也不能解决，而教师又无法加以个别指导的时候就可以采用这种讨论方式。

学习单元二

前厅业务管理

项目 1　前厅运转业务

学习目标

> 能够准确叙述宾客入住登记流程与注意事项；
> 能够正确操作宾客换房手续；
> 能够正确办理宾客离店手续；
> 能够准确叙述前厅资料准备内容。

课程内容

一、宾客入住登记

（一）入住登记准备工作

在给客人办理入住登记手续或分配房间之前，接待员必须掌握接待工作所需的信息。这些信息包括：房态和可供出租客房情况、预抵店和预离店客人名单、有特殊要求的预抵店客人名单、预抵店重要客人和常住客名单、黑名单。

以上信息资料在客人抵店前一晚应该做好准备。在酒店的电脑系统里，把这些信息资料不断更新，以便随时获得准确信息。

（二）入住登记记录

在我国入住登记记录大体分为3种："国内旅客住宿登记表"（表2–1）"境外旅客临时住宿登记表"和"团队人员住宿登记表"。

住宿登记表的内容主要包括两方面：公安部门所规定的登记项目和酒店运行与管理所需要的登记项目。

（1）公安部门所规定的登记项目内容　客人的完整姓名、国籍、出生年月、家庭住址、职业、有效证件及相关内容等。

（2）酒店运行与管理所需的登记项目内容　宾客姓名及性别、房号、房租、付款方式、抵离店时间、住址、酒店管理声明、接待员签名。

表2-1　　　　　　　　酒店入住登记单样例

宾客姓名：　　　　　性别：　　　　　出生日期：　　　　　国家地区：
抵店日期：　　　　　离店日期：　　　　房型：　　　　　　　房价：
付款方式：A. 现金　　B. 信用卡　　C. 转账　　D. 签单　　（　　）
证件种类：　　　　　　证件号码：

备注：

宾客须知	酒店退房时间为中午12:00，未登记的访客必须在23:00前离开酒店房间
	酒店客房设施不可带出酒店，损坏将按价赔偿。一次性消耗品中洗浴用品（皮尔卡丹、爱马仕）因其价值较高也不可带出酒店
	宾客所有贵重物品可放入酒店保险箱内，否则对任何损失酒店概不负责
	房间内窗帘为自动窗帘、控制器在床头，不可人为拉动窗帘
	酒店入住房间免费提供双早，如需增加将按30元/人进行收费

本人特此申明：
　　将负责支付并结算入住期间所有在酒店产生的消费费用
　　本人将授权酒店方将入住期间产生的费用计入本人信用卡
　　授权酒店在其经营中使用登记信息

当值员工：　　　　　　　　　　　宾客签字：

房卡

（三）散客入住登记程序

散客入住登记的相关程序如表2-2所示。

表2-2　　　　　　　　散客入住登记程序

步骤	内容	备注说明
1	识别客人有无预订	面带微笑，主动问候并询问有无订房 注意检查：客人姓名、住宿天数、房间种类、抵达离开时间等。对于已经付订金/全额房费的客人还要核对数额
2	完成入住登记记录	系统录入/单据签字
3	排房、定价	确定房号、房费价格
4	确定付款方式	客人通常采用的付款方式有信用卡、现金和转账
5	完成入住登记手续	递交房卡或钥匙，说明房间路线
6	建立相关表格资料	完成

二、排房和确定房价

（一）客房位置

按客房位置可分为外景房、内景房和角房。

（1）外景房　即窗户朝向大海、湖泊、公园或是景区景点的客房。

（2）内景房　窗户朝向酒店内的房间。

（3）角房　位于走廊过道尽头的客房。

（二）预留房

预留房是一种酒店内部掌握的客房。酒店会为一些大型的团队预留他们所需的房间；同时还有一些客人在预订房间时，常常会指明要某个房间；对于一些回头客的预订，预订部往往为该客人预留其曾经住过的房间。

（三）排房的顺序

排房的顺序主要是：贵宾—有特殊需要的客人—团体客人—有订房的散客—未经订房而直接抵店的散客。

（四）排房的原则

1. 针对性原则

根据客人特点（身份、地位、对酒店经营的影响、旅游目的、心理生理特征、人数等）排房。例如：新婚蜜月或合家住店的客人，一般安排在楼层边角有大床的房间或连通房，满足客人安静的需要；老人、伤残人或行动不便者，可安排在低层面靠近电梯或靠近楼层服务台的房间；同一团体的客人，尽可能安排在同一楼层或相近楼层，而团体会务组一般安排在同楼层的出口处；贵宾一般安排在安全保卫、设备保养良好、环境俱佳的房间。

2. 特殊性原则

例如：风俗习惯、宗教信仰不同的客人应将他们拉开距离或分楼层安排，并注意房号、楼层号与宗教禁忌的关系；竞争对手、敌对国家的客人应分楼层安排；散客和团体的房间尽可能分开距离，以免干扰。

3. 方便性原则

例如：长住客尽可能在一个楼层，且楼层较低；无行李或有不轨嫌疑的客人，尽可能安排在楼层服务台近的房间；淡季可封闭一些楼层，集中使用几个楼层的房间，可节约劳力、能耗且便于集中对一些房间进行维护保养工作；如有可能，夏季可多安排朝北方向或冷色调的房间，冬天则可安排朝南或暖色的房间；如有可能，可尽可能安排抵店时间和离店时间相近的客人在同一楼层，便于客房部接待服务和离店后的清扫工作。

（五）确定房价

根据酒店客房的市场交易价格，可以分为下列4种基本类型。

1. 公布房价

公布房价就是在酒店价目表上公布的各种类型客房的现行价格，也称为基本价格、门市价或散客价。根据不同的计价方式，公布房价又可以分为下面5种类型。

（1）欧式计价（EP）　欧式计价指酒店的客房价格仅包括房租，不含餐食费用。在通常情况下，只要酒店未向宾客作特别说明的报价，均为欧式计价形式。

（2）美式计价（AP）　美式计价指酒店的客房价格包括房租以及一日早、午、晚三餐的费用。美式计价形式曾一度被几乎所有的度假酒店采用，但随着交通的发展，旅客的流动性增强，美式计价形式逐渐被淘汰，目前只有少数地处偏远地区的度假酒店沿用此种形式。

（3）修正美式计价（MP）　修正美式计价指酒店的客房价格包括房租和早餐以及午餐或晚餐的费用。修正美式计价形式也称"半包餐"计价，它既可使宾客有较大自由安排白天活动，又能为酒店带来一定的效益。

（4）欧陆式计价（CP）　欧陆式计价指酒店的客房价格包括房租及一份简单的早餐——咖啡、面包及果汁。欧陆式计价形式也称"床位连早餐"报价，此类报价形式较多地被不设餐厅的汽车旅馆所采用。

（5）百慕大计价（BP）　百慕大计价指酒店的客房价格包括房租及一顿丰盛的西式早餐。这种计价形式对商务旅客具有较大的吸引力。

2. 追加房价

追加房价是在公布价格基础上，根据宾客的住宿情况，另外加收的房费。通常有以下几种情况。

（1）白天租用价（Day Use Rate）　宾客退房超过了规定时间，酒店将向宾客收取白天租用费。

（2）加床费（Rate For Extra Bed）　酒店对需要在房内临时加床的宾客加收的一种房费。

（3）深夜房价（Midnight Use Rate）　宾客在凌晨抵店，酒店将向宾客加收一天或半天房费。

（4）保留房价（Hold Room Rate）　住客短期外出旅行，但需继续保留锁住客房的，或预订宾客因特殊情况未能及时抵店的，酒店通常要求宾客支付为其保留客房的房费，但一般不再加收服务费。

3. 特别房价

特别房价是根据酒店的经营方针或其他原因，对公布价格作出各种折让的价格。酒店日常采用的折让价格有以下几种。

（1）团队价（Group Charge）　团队价主要是针对旅行社的团队宾客制定的折扣价格，其目的是与旅行社建立长期良好的业务关系，确保酒店长期、稳定的客源，提高客房利用率。团队价格可根据旅行社的重要性和所能组织客源多少以及酒店淡、旺季客房利用率的不同加以确定。

（2）家庭租用房价（Family Plan Rate）　酒店为携带孩子的父母所提供的折扣价格，例如对未满六周岁儿童免费提供婴儿小床等，以刺激家庭旅游者消费。

（3）小包价（Package Plan Rate）　酒店为有特殊要求的宾客提供的一揽子报价，通常包括房租费及餐费、游览费、交通费等项目的费用，以方便宾客做好预算。

（4）折扣价（Discount Rate）　酒店向常客、长住客或有特殊身份的宾客提供的优惠价格。

（5）淡季价（Slack Season Rate）　酒店在营业淡季，为了刺激需求，提高客房利用率，而为普通宾客提供的折扣价。通常房价在标准价的基础上，下调一定的百分比。

（6）旺季价（Busy Season Rate）　酒店在营业旺季，为了最大限度地提高酒店的经济效益，而将房价在标准价的基础上，上浮一定的百分比。

（7）免费（Complimentary Rate）　酒店在互惠互利原则下，给予与酒店有双边关系宾客的免费招待待遇。免费的范围既可以包括餐费，也可以仅限房费。

4. 合同价

合同价（Corporate Rate）也称协议房价、批发房价，是酒店给予中间商的优惠价。中间商销售酒店的客房要获取销售利润，为此与酒店确定散客和团队的优惠价，使他们在销售酒店产品后有足够的毛利支付销售费用从而获得利润。根据中间商的批发量和付款条件，酒店给予中间商不同的数量折扣和付款条件折扣。

三、发放钥匙

接待员填写房卡时，对于某些属于商业机密不宜公开的房租不应填写在房卡上。

请客人在房卡上签名，并告知其房卡的用途。如果酒店为客人提供用餐券、免费饮料券、宣传品等，此时应同房卡一并交给住客。还要注意有无客人代存的邮件和留言，如有，应在这时一并转交给客人。

提醒住客在酒店前厅收款处有免费的贵重物品保险和服务，并祝客人住得愉快。

四、换房与续住

（一）换房

了解换房原因（客人方面、酒店原因），查看房态重新排房并确认换房时间（同档次客房如果没有了要加房租），填写房间变更单，行李服务，发放新的房间钥匙收回原钥匙房卡，更改电脑资料。一定注意避免 2 次换房。

（二）续住

续住的相关手续如图 2-1 所示。

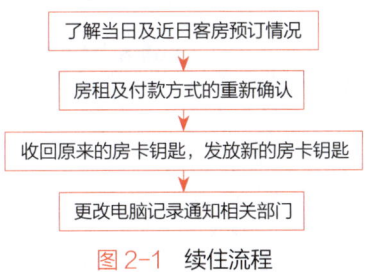

图 2-1　续住流程

五、离店服务程序

（一）离店服务的主要工作

1. 准备工作

（1）接待处准备次日离店客人名单（Expected departure list，ED）。

（2）收银处根据 ED 准备好账单。

（3）问讯处检查客人信件和留言。

2. 主要任务

（1）为客人办理结账手续。

（2）更新前厅相关资料（房态、客人历史档案）。

（3）在客人心目中树立良好的形象。

（二）离店服务的程序

离店服务程序如表 2-3 所示。

表 2-3　　　　　　　　　离店服务程序

步骤		说明
1	问候客人	弄清客人是否结账退房
2	确认客人的姓名与房号	并将其与客人账户核对
3	检查客人的退房日期、时间	延迟退房
4	通知客房楼层检查走房	是否有客遗留，是否有客用品消费，是否有酒店用品损坏或遗失
5	委婉询问客人是否有即时消费	延迟收款是指客人临近退房前的消费费用，因送到前厅收款太迟而没有能赶在客人退房前及时入账
6	确认付款方式，结账	收回押金单，开具发票
7	收回房卡钥匙	检查客人是否有贵重物品寄存
8	行李服务	
9	更新信息资料	

（三）结账方式

酒店可受理的结算方式有现金结算、支票、银行卡（信用卡）、转账、客房挂账、消费券、商务卡等。

1. 现金

如果客人用现金结账，客人入住时则要交纳一定数额的预付金。预付金额度应超过住宿期间的总房间数，具体超过多少，由酒店自定，一般为一天的房租，结账时多退少补。大型酒店，预付金由前厅收银员收取，中小型酒店由接待员收取。

2. 支票

再次检查支票的真伪以及支票正面内容及背书情况，注意辨别哪些银行已发出停止使用的旧版支票。如果客人结账时才出示支票，则应按支票当押金时的工作程序做好，然后正确填写支票，切不可涂改、描补，一定要用碳素笔填写，填写支票头及相应日期、项目、金额等，并开具发票，返支票头连同发票给客人。酒店暂不接受私人支票。

3. 信用卡

如果客人只用信用卡结账，接待员应首先辨明客人所持的信用卡，是否属中国人民银行规定的可在我国使用而且本酒店接受的信用卡；其次核实住客是否为持卡人；接着检查信用卡的有效期及信用卡的完好程度；再接着使用信用卡压印机，将客人的信用卡资料影印到适当的签购单上；最后将信用卡交还给客人，将已印制好的信用卡签购单与制作的账单一起交给前厅收款处。

4. 转账

以转账方式结账，这一要求一般在订房时就会向酒店提出，并经酒店有关负责人批准后方可。客人在办理入住登记手续时，才提出转账方式结账，酒店通常不予受理。

（四）特别安排和团队结账

对于一些熟客、常客、公司客等，酒店为了表示友好和信任，通常会给予他们免交押金的方便。免交押金的名单一般由酒店的营业部或财务部门引发，订房部员工在订房单的备注内容中注明，接待处则灵活处理。

团队客人的账单分以下两种（表2-4）。

表2-4	团队客人账单的种类
杂费账单	如电话费、洗衣费等，由客人自行支付
旅行社挂账账单	也称为主账单，一般包括房费和餐费，这种账单必须由陪同人员签字确认，同时旅行社账单对客人是保密的。然后收银员最后将主账单、团队账单订在一起挂账

六、前厅资料处理

（一）抵店前资料准备

由于预订是对客服务过程的开始，获取和保管预订资料对提高前厅运转效率是至关重要的。预订资料输入到一份电子预订记录中。一份给宾客的订房确认信由系统自动生成，除了通知宾客订房已办妥外，还可请宾客核对订房信息是否准确。预订客房这一步骤使得宾客抵店前能在双方沟通中纠正错误之处，还能查证宾客的邮件是否正确，以备后用。近来的发展趋势是用电子邮件来代替打印出来的文件，作为对宾客的预订确认。使用电子邮件的优点是酒店既节省了成本又能给予宾客即时的回复。

（二）抵店资料使用

前厅可能会用一份纸质卡片或用电子登记表的形式为宾客办理入住登记。登记卡包括了宾客的资料、居住天数和付款的方式。登记卡上可能还有关于向宾客提供贵重物品寄存和付账责任方面的说明。登记卡还标明了房价，供住客确认。这就避免了在结账时出现房价方面的问题。

在店消费信用必须在入住登记时得以确认、查证或批准。大部分信用卡公司要求一份信用卡在电子记录装置压印或要求有复制的凭证以确认赊账的承诺。前厅接待员通常会要求得到宾客住店期间的信用额度的批准。如果住客在店期间的赊账数额超过了额度，就会向信用卡公司要求批准增加额度。前厅电脑系统会在办理入住时自动地要求批准信用额度，而当这个额度突破时，系统又会自动向信用卡公司申请批准增加额度。

（三）住店资料

一旦宾客办理了入住登记，前厅系统会生成一份电子账单，用来记录住店宾客的消费和赊账情况。由于账单与前厅资料系统有关联，所以账单格式上会有所不同。近来所有的电脑系统都利用宾客登记记录来建立账单。账单是电脑记录的一个流程。一般打印出来的账单一式两份，一份作为前厅保留的住客记录，另一份在结账离店时交给宾客作为账单。也可能增加一份用于宾客离店后的转账以及供部门作销售报表使用。

电子账单简化了账单录入和账单处理工作。电脑收到了有关信息，系统就会给予一个账单号或一个预订号。一份电子账单是自动生成以即时记录消费发生情况的。电子账单储存在系统内可以随时打印或调用。

一张消费凭证是记录一次交易细节的支持性文件。消费凭证并不能代替营业的原始记录。消费凭证的种类有消息记录、现金支付凭证、转账凭证以及代付款凭证。在系统审计过程中，消费凭证能帮助证实所有需要登入的交易记录已正确完成了。电脑化的酒店只需少量消费凭证，或在某些情况下根本不需要消费凭证。这是因为营业点与前厅系统实现了联网，这样就省却了对支援性文件的需求。

电脑前厅系统以终端设施代替了传统的问讯显示架，所以就不再需要问讯架和卡片。这些终端能快速反映住客记录资料，显示出广泛的信息。由于电脑系统能实现联结，所以前厅系统还能与各营业点、电子钥匙系统、电话记账系统和动力管理系统实现联网。

（四）离店资料

在宾客住店期间宾客账户应能始终即时地反映账目最新状况，这样就能确保宾客离店结账时客账反映的数目是准确的。除了账单外，在结账时还需要其他一些文件。例如，使用信用卡进行消费的宾客要有一张信用卡消费凭证。在有些酒店，用现金结账的宾客要有一张现金消费凭证。如客人采取转账的方式结账，那就要一张转账消费凭证，以使消费款项从前厅住店客人的应收账款上转移到后台非住店客人的应收账上。即使对使用电脑管理系统的酒店来说，也还需要制作一些文件来证明交易活动的发生情况，并以此作为前厅全面审计工作的基础。

在离店阶段，酒店管理系统会生成一份客史档案。如前面所述，一份客史档案所涵盖的信息能对酒店的市场和销售工作提供帮助，还能在宾客下次光顾酒店时在办理入住登记和给予服务方面发挥作用。系统自动生成的客史资料是离店程序中的一部分工作内容。由电脑制作的客史档案资料组成了酒店宝贵的信息资料库。

任务训练

一、任务实训

为一名同学（散客）办理入住登记、换房、离店的手续。

二、要求组成学习小组，完成课堂讨论

1．学习小组讨论的规则

在独立思考后，仍有疑惑需要解决，先是一帮一，两人间的讨论，如还有困难，再扩展为4人或5人间的讨论。如遇到较难的问题记录下来，班级讨论。

2．学习小组讨论的形式

（1）自由发言式　学生可以在小组中自由发言，同学们热烈讨论，各抒己见。

（2）轮流发言式　小组成员围绕一个中心问题挨个发言，一人不漏。

（3）一帮一讨论式　当部分学生在难题面前尽最大努力也不能解决，而教师又无法加以个别指导的时候就可以采用这种讨论方式。

酒店预订业务

项目 2

学习目标

> - 能够正确说明酒店预订种类；
> - 能够阐述酒店预订销售的步骤；
> - 能够运用超额预订方法完成超额预订数量确定；
> - 能够准确说明处理超额预订问题的方法。

课程内容

一、酒店预订的种类

酒店在接受和处理宾客预订时，根据不同情况，一般将预订分为两大类型。

（一）保证类预订（Guaranteed Reservation）

宾客通过预付订金来保证自己的订房要求，特别是在旅游旺季，酒店为了避免因预订客人擅自不来或临时取消订房而造成损失，要求宾客预付订金（Deposit）来加以保证，这类预订称之为保证类预订（也称担保预订）。

保证类预订以宾客预付订金的形式来保护酒店和宾客双方的利益，约束双方的行为，因而对双方都是有利的。预付订金是指酒店为避免损失而要求宾客预付的房费（一般为一天的房费，特殊情况例外）。对如期到达的客人，在其离店结账时予以扣除；对失约客人则不予退还，酒店为其保留住房到第二天中午12时止。对保证类预订的客人，在规定期限内抵达而酒店无法提供房间时，则由酒店负全部责任。

保证类预订在酒店与未来住客之间建立了更牢靠的关系。客人可能通过下列方法进行订房担保。

1. 信用卡

客人在订房时向酒店声明，将使用信用卡为所预订的房间付款，并把信用卡的种类、号码、失效期及持卡人的姓名告诉酒店。如客人在预订日期未抵达酒店，酒店可以通过信用卡公司获得房费收入的补偿。

2. 预付订金

对于酒店来说，最理想的保证类预订方法是要求客人预付订金，如现金、支票、汇款等酒店认可的形式。预付金可以由预订处收取后交财务部，也可由财务部收取后通知预订处。

3. 订立商业合同

订立商业合同是指酒店与有关客户单位签订的订房合同。合同内容主要包括签约单位的地址、账号以及同意对因为失约而未使用的订房承担付款责任的说明，合同还应规定通知取消预订的最后期限，如签约单位未能在规定的期限通知取消预订，酒店可以向对方收取房费等。由于各地区、各酒店的实际情况不同，担保的方法也不尽相同。有些酒店将其认可的个人名誉担保视为订房担保；有些酒店目前尚无法接受以信用卡作为订房担保，故采取何种有效的订房担保，应视情况而定。

（二）非保证类预订（Non-Guaranteed Reservation）

非保证类预订通常有以下 3 种具体方式。

1. 临时类预订 (Advanced Reservation)

临时类预订指客人的订房日期或时间与抵达的日期或时间很接近，酒店一般没有足够的时间给客人以书面或口头确认。

2. 确认类预订 (Confirmed Reservation)

确认类预订指客人的订房要求已被酒店接受，而且酒店以口头或书面形式予以确认。确认预订的方式有两种：一种为口头确认，另一种为书面确认。通常使用书面确认，如邮寄、传真回复确认书等。口头确认一般只用于客人订房时间与抵店时间很接近时。无论是口头确认还是书面确认，都必须向客人明确申明酒店规定的抵店时限。书面确认与口头确认相比有如下优点。

（1）能复述客人的订房要求，使客人了解酒店是否已正确理解并接受了他的订房要求，让客人放心。

（2）能申明酒店对宾客承担的义务及有关变更预订、取消预订以及其他有关方面的规定，以书面形式确立了酒店和客人的关系。

（3）能验证宾客所提供的个人情况，如姓名、地址等。所以持预订确认书的客人比未经预订、直接抵店的客人在信用上更可靠，大多数酒店允许其在住店期间享受短期或一定数额的赊账服务待遇。

3. 等候类预订 (On-Wait Reservation)

酒店在客房订满的情况下，因考虑到有一定的"水分"，如取消、变更等，有时仍按一定数量给予客人以等候订房。

二、预订销售的步骤

（一）预订的准备工作

为了保证预订工作的准确性、提高工作效率，预订员需做好以下各项准备工作。

（1）查看交接班记录，了解上一班次的预订情况，掌握本班次需处理的事宜。

（2）检查电脑等设备是否正常，准备好预订工作中使用的各种表格、资料和用品。

（3）迅速准确地掌握当天及未来一段时间的可售房情况，包括：数量、类型、价格等，以便在受理新的预订业务时做到心中有数。

（4）熟悉当天及未来一段时间的预订情况，尤其是 VIP、大型团体、重要活动、宾客的特殊要求等情况，使预订的变更、取消等工作得到及时处理。

（二）明确订房要求

宾客通常以面谈、信函、电话、传真、电脑网络等方式向酒店提出订房要求。预订员须将宾客的订房要求填入统一印制的订房单，以明确酒店在处理预订中所需的各种信息，如宾客姓名、人数、国籍、抵离店日期及时间、车次或航班、所需客房的种类和数量、价格、付款方式、预订代理人姓名、单位或地址、电话号码、特殊要求等信息。使用订房单记录客人的订房要求有以下作用。

（1）提醒作用 提醒预订员及时询问客人有关信息或说明有关事项。

（2）检查作用 确保所需资料记录在案。

（3）统一格式，便于存档 因格式统一，使用方便，从而提高了预订工作效率。

（4）宾客如采用电话预订或柜台口头预订，预订员应主动问好，询问客人的需求，主动介绍客房设施设备，并根据客源种类准确报价。无论宾客以何种方式订房，预订员都应做好详细记录，并在口头或书面的确认中重复客人的订房要求。订单资料也为今后的预订确认、订房核对等工作提供准确的信息。

（三）受理或婉拒预订

在接到客人的订房要求后，预订员应立即查看当天或未来的客房状况，并决定客人的订房要求是否可以接受。在决定是否接受客人订房要求时，应考虑下列几个因素。

（1）宾客预期抵店日期。

（2）所需客房的种类。

（3）所需客房的数量。

（4）宾客住店的天数。

根据上述条件，预订员要决定是否接受客人的订房要求。

（四）确认预订

确认了宾客的订房要求后，只要有充足的时间酒店都应及时发出书面预订确认书。确认书是酒店回复客人订房要求已被接受的书面凭证，是双方权利、义务的协议书。确认书中应复述客人的订房要求、房价及付款方式，写明酒店对宾客订房变更、取消预订的规定。对确认类预订的客人要写明抵店时限；对保证类预订的客人要说明酒店收取预订金的有关政策；最后，还应向客人选择本酒店表示感谢。

（五）记录、储存订房资料

当预订确认书发出后，预订资料必须及时、准确地记录与储存，以防疏漏。订房资料一般由订房单、确认书、预订金收据、预订变更单、预订取消单、客史档案卡、客人的书面预订凭证等组成。

（六）预订的变更、取消

如果宾客变更或取消已确认的预订要求，预订员必须填写预订变更单或预订取消单。将取消的订房资料归入取消类存档，将变更的订房资料与预订变更单汇总，按接受一个新的预订程序处理。同时，还应注意以下方面的工作。

（1）若变更或取消的内容涉及一些原有的工作安排，如接机、房间特殊布置、订餐等，应尽快将变更或取消的内容通知到有关部门。

（2）有关团体订房的变更与取消，应按合同规定办理。通常合同规定旅行社取消订房应在团体原定抵达日期前 10 天通知酒店，否则按合约规定收取一定数额的取消费。

（3）耐心、高效地受理预订的取消并尽量简化手续。宾客花时间通知酒店取消其原来的预订对酒店是有利的，预订员应同样给予热情和耐心，高效地受理。据统计90%的取消预订的宾客会在今后的旅行中返回原预订的酒店。

无论是变更还是取消预订，宾客都有其实际原因，预订员应表现出热情和有效的帮助。

（七）宾客抵店前的准备工作

小型酒店的抵店前的准备工作通常以口头形式传递并完成；而在大型酒店，则通过开协调会或抄送各种表格、计划来完成，可分为如下三个阶段。

（1）提前一周或数日，将主要客情，如贵宾（VIP）、大型团体会议、客满等信息通知有关部门，以做好相应的准备工作。传递的表格一般有：《一周客情预报表》《贵宾接待规格审批表》等。

（2）宾客抵店前，将具体接待安排以书面形式通知有关部门，使各部门做好接待准备工作。通知单有：《VIP接待通知单》等。

（3）宾客抵店当天，接待员根据宾客的订房要求提前分配房间，并将有关细节通知有关部门搞好接待，共同完成抵店前的准备工作。

三、超额预订和订房纠纷处理

（一）超额预订概念

超额预订是指酒店在订房已满的情况下，再适当增加订房的数量，以弥补少数订房人不到、临时取消预订或提前离店而出现的客房闲置。超额订房既是酒店经营管理者胆识与能力的表现，又是一种有风险的行为。关键是如何有效地实施超额预订，避免或最大限度地降低由于失误而造成的麻烦。因此，超额预订的决策应该是有依据的，这个依据一方面来自于经验，另一方面来自于对市场的预测及对客情的正确分析。

（二）超额预订数量的确定

做好超额预订的关键，在于掌握超额订房的数量和幅度。按国际酒店的管理经验，超额订房的百分数可以是5%~15%。实施超额订房时应注意分析掌握以下三组比例关系。

（1）掌握团体订房和散客订房的比例。

（2）掌握不同种类预订之间的比例。

（3）据订房资料及以往工作实践，统计相关宾客数量在预订客房者中所占的比例（表2-5）。

表2-5　　　　　不同预订客房宾客所占比例样表

预订客房宾客	所占的比例
订房不到者（No-shows）	
临时取消者（Cancellations）	
提前离店者（Under-stays）	
延期住宿者（Over-stays）	
提前抵店者（Early-arrivals）	

此外，在进行超额预订时，还应适当考虑其他方面的因素，如：本地区同等级同类型酒店的数量、未来的天气情况、酒店预期的信誉程度等。对以上各种因素进行综合分析，并结合过去、近期的实际和对将来一段时间宾客情况的估计，做出正确判断，这样才可能使超额预订工作做得恰如其分。

（三）超额预订的计算方法

下面是超额订房的计算公式及其运用，这为合理掌握超额预订的数量和幅度提供了依据，其公式如下：

$$X = \frac{(A-C)r + Cf - Dg}{1-r}$$

式中：X—超额预订量；A—可供出租的客房总数；C—延期离店客房数；r—预订不到及临时取消的百分比；D—预订离店客房数；f—提前离店率；g—延期住宿率。

总之，通过对以上几个方面因素的分析，酒店可根据实际情况，合理地确定超额订房的数量或幅度，既能最大限度地销售客房，增加经济效益，又能满足宾客的订房需求而不产生订房纠纷。若要达到预期效果，酒店必须注重资料的收集、数据的统计工作，并在日常工作中不断地总结和积累经验。

（四）订房纠纷的产生及控制方法

1. 订房纠纷的原因

（1）宾客订房时未说明通讯地址或联系方法，酒店无法告知当时客满的情况。

（2）宾客通过信函预订客房，因客满酒店回信时只同意列为候补。

（3）宾客抵店时间已超过规定的留房时间，事先又未通知酒店，导致抵店后酒店无法提供客房。

（4）宾客打电话到酒店订房，预订员接受预订后未给予书面确认，宾客抵店后无房间提供。

（5）宾客声称自己办理了订房手续，但酒店没有订房记录。

（6）宾客不理解酒店住房方面的政策及有关规定，或在价格上发生争执，从而对酒店不满。

2. 控制纠纷的方法

（1）加强对预订员及其他有关人员的培训教育，提高其工作责任心和业务素质。

（2）无论是手工操作还是采用电脑操作的酒店都应用订房单记录宾客的订房要求，如是电话或当面洽谈预订，应复述宾客的预订内容，解释酒店专用术语的确切含义及有关规定，避免出现误解、错误或遗漏。

（3）由专人负责标注客房预订总表或将预订信息按要求输入电脑。

（4）建立健全与前台接待组等部门保持有效沟通的制度，接待组应正确统计可售房的数量，及时掌握预订未到、提前抵店、延期离店、未经预订直接抵店、临时取消及住店宾客换房等用房变化数，每天应按时将上述统计数字通知预订处。

（5）平时加强预订工作的检查，避免错误地存放预订资料。

（6）对订房的变更及取消预订的受理工作应予重视。

（7）加强与预订中心、订房代理处的沟通。

（8）结合酒店实际及行业惯例，完善预订政策、预订工作程序及有关报表及规定。

四、预订报告

（一）预抵离名单

预抵离客人名单，为接待员提供即将到店或离店客人的一些基本信息，如客人姓名、客房需求、房租、离店时间、特殊要求等。此名单不论是手工制作的还是电脑提供的，内容都大同小异。

在核对房态报告和预抵离客人名单时，作为接待处的管理人员，应该清楚一下两件事情，并采取适当的措施：酒店是否有足够的房间去接待预抵店客人，酒店还剩余多少可出租的房间去接待无订房而直接抵店的散客。

（二）订金受理

预付订金是指酒店为避免损失而要求宾客预付的房费（一般为一天的房费，特殊情况例外）。对如期到达的客人，在其离店结账时予以扣除；对失约客人则不予退还，酒店为其保留住房到第二天中午 12 时止。对保证类预订的客人，在规定期限内抵达而酒店无法提供房间时，则酒店负全部责任。

（三）客人历史档案

客人历史档案简称客史档案。高星级酒店均有宾客历史档案，通过电脑记录客人在店的消费记录，只要客人曾经在该酒店住宿过，根据宾客历史档案情况，即可采取适当措施，确保客人的满意度。如该客人曾经投诉房间太吵，这次接待人员一定会安排一间较安静的房间，若客人较难安排高一档次的客房，酒店则应在客房内摆放一些赠品，比如水果或是鲜花。

任务训练

一、任务实训

以调研的一个酒店为例，编写制定酒店五一黄金周期间客源预测报告，同时，提出超额预订数量标准并阐明原因。

二、要求组成学习小组，完成课堂讨论

1. 学习小组讨论的规则

在独立思考后，仍有疑惑需要解决，先是一帮一，两人间的讨论，如还有困难，再扩展为 4 人或 5 人间的讨论。如遇到较难的问题记录下来，班级讨论。

2. 学习小组讨论的形式

（1）自由发言式　学生可以在小组中自由发言，同学们热烈讨论，

各抒己见。

（2）轮流发言式　小组成员围绕一个中心问题挨个发言，一人不漏。

（3）一帮一讨论式　当部分学生在难题面前尽最大努力也不能解决，而教师又无法加以个别指导的时候就可以采用这种讨论方式。

项目 3　前厅会计审计

学习目标

- 能够准确说明前台常用单据与使用流程；
- 能够准确叙述前台夜审步骤流程；
- 能够准确叙述财务审核流程；
- 能够准确阐述特殊房价审核重点。

课程内容

一、前台常用单据流程

表 2-6　　　　　　　　前台常用单据流程

常用单据	使用流程
押金单	（一式三联）（作废押金单一式三联必须一起上交，所有上交单据需连号） 第一联（白联）为客账联，放在客人账袋里 第二联（红联）财务。（核对《夜审交易审核报表》收押金） 第三联（黄联）给客人作为押金收据，待客人退房结账时（当天或隔天）再收回作为抵扣押金，并附在客人账单（客人临时登记单－黄联）一起封包
杂项入账单	（一式二联）第一联（白联）财务，核对《夜审交易审核报表》（杂项收入单）第二联（黄联），放在客人的账夹中
退账通知单	（一式两联）（费用冲减单一式三联：一联客账，二联财务，三联客房）单据开具必须由当班负责人、部门经理、财务负责人及酒店负责人签字（月底）确定
住宿登记表	一式两联：一联白联接待，二联红联放客人资料夹
境外人员临时住宿登记单	一联白联收银接待，二联蓝联作为公安局信息传输系统依据（一式二联）交款清单

续表

常用单据	使用流程
房价房号更改单	（一式三联）一联客房中心（房号更改时给客房），二联接待，三联交给财务
迷你酒吧表	（一式三联）白联给前台备查，第二联财务，第三联房务中心（房间食品饮料）
发票	必须注明房号与费用项目，连号使用
结账单	（一式三联）用于消费签单挂账，一联前台备查，二联消费处开具，三联财务。客人结账有几种情况：A 收付现金、B 刷信用卡、C 收支票、D 待结未结。打印账单，请客人签字确认。注意账单一定要有客人的亲笔签名，避免以后不必要的纠纷

所有单据需填写规范，按照单据号顺序，如有作废，作废单也应保留，开单人必须签全名。

二、前台夜审流程

（一）夜审前

夜审前的相关流程如表 2-7 所示。

表 2-7 前台夜审前流程

步骤	
核对客人账单（客人账单信息是否与电脑入账信息一致）	前台接待员：在华仪系统潜在房费收入表审核里核对客账姓名、房号、房价等客人信息是否一致，核对房价、杂项单收入类填写、发票金额、押金单等入账是否一致。查看是否漏入、多入或误入其他房号 单据是否齐全（白色客人账单、房价房号变更单、退账通知单、押金单、杂项入账单、发票记账联（需开时）等） 结账方式是否相符。（刷信用卡／收付现金／收支票） 客人签字是否齐全 核对如果发现不相符，在夜审前及时更正
在店宾客超限检查表（核对宾客是否超限），超限及时向客人催款	查看是否有未入账话费，查看电话系统里是否电话启动

续表

步骤	
整理单据按以下顺序（用回形针/大头针扣紧）	押金单 杂项入账单 客用品表和迷你酒吧表 客人账单 住宿登记单/临时住宿单 房间及房价变更表（如有就放上） 发票记账联（视情况而定） 预收款收据 退账通知单（费用冲减单） 迷你酒吧表和客用品表
按照结账方式归类整理账单	核对人民币现金，账单金额相加=《前台收银收款报告》人民币现金数 核对人民币支出，账单金额相加=《前台收银收款报告》人民币支出数 核对信用卡，账单金额相加=《前台收银收款报告》信用卡数 核对支票金额，账单金额相加=《前台收银收款报告》支票金额 以上核对无误，在《前台收银收款报告》右上角签上审核人全名
打印报表	前台收银收款报告 潜在房费收入报告 收银员现金收入汇总表 在店宾客超限检查表

（二）夜审后

夜审后的相关流程如表 2-8 所示。

表 2-8　　　　　　　　　　前台夜审后流程

阶段	内容
开始夜审	前台电脑必须退出华仪操作系统，才能进行夜审（除做夜审电脑外）
打印报表（依次按以下顺序排列）	前台需打印报表（各一份除夜审交易审核报表）：依次按以下顺序排列： 1. 营业收入日报 2. 夜审交易审核报表 3. 收银员现金收入汇总表 4. 酒店挂账日志明细表 5. 房费的审计报告 6. 潜在房费收入（夜审前） 7. 宾客欠款报告（不含现金账户） 8. 调账报告（如当天没有发生数也必须打印） 9. 修改房价、换房报告 10. 上营业日当天客人抵离房列表 11. 试算平衡报表
按单据类别归类，且在单据第一张的右上角填写合计数及审核人全名。例如：押金总额15000元 张三	核对报表 1. 押金单合计数 =《交易审核报表》收押金数 2. 房间饮料合计数 =《交易审核报表》房间饮料数 3. 餐合计数 =《交易审核报表》早餐数 4. 赔偿收入合计数 =《交易审核报表》赔偿数金额 5. 议室合计数 =《交易审核报表》会议室数
审核报表	1. 房费的审计报告 = 有疑问的，需由当班主管人员签字并说明原因 2. 半日租检查报告、全日租检查报告 = 房费是否全部入账例如凌晨房费是否有加收 3. 调账报告（如当天没有发生数也必须打印）= 如有附退账通知单且由当班主管人员及酒店负责人签字确认 4. 免费房报告、自用房报告 = 附由当班主管人员及酒店负责人签字确定过 5. 修改房价、换房报告 = 附有房价／房号变更表，操作员、当班主管人员、酒店负责人签字确认
现金封包、单据和报表封包	审核无误，应交现金额 = 夜审交易审核报表里付款下现金总额数 = 收押金—退押金—人民币支出—（人民币现金的余额） 客人签名的信用卡签账单合计金额 = POS 机信用卡每日结算单总金额 = 夜审交易审核报表里中信用卡金额 支票 = 夜审交易审核报表里中信用卡金额 如果有长款要及时上缴 依次填写交款袋，前台服务员、值班经理签字审核后把现金封包好放入指定保险箱里 按要求归类封包好交给财务审核

三、财务审核流程

财务审核的相关流程如表 2-9 所示。

表 2-9	财物审核流程
领取封包	酒店出纳在前台领取封包,应跟当班值班经理当面点清现金、核对支票、POS 机信用卡结算单数之后在《收点交款袋报告》上签字
审核报表是否齐全	前台需打印报表(除夜审交易审核报表两份其余各一份):依次按以下顺序排列 1. 营业收入日报 2. 夜审交易审核报表 3. 收银员现金收入汇总表 = 核对交款袋上数字是否一致 4. 酒店挂账日志明细表(含有半日租全日租钟点房凌晨房) 5. 房费的审计报告 6. 潜在房费收入(夜审前)审核房价是否合理 7. 宾客欠款报告(不含现金账户) 8. 调账报告(如当天没有发生数也必须打印) 9. 修改房价、换房报告(附有修改房价换房变更依据) 10. 上营业日当天客人抵离房列表(实际当天客人抵离发生数与半日全日钟点房凌晨房对应核对是否入账) 11. 试算平衡报表 12. 前台每班服务员应打报表 13. 前台收银收款报告(夜审前) 14. 在店宾客超限检查表(核对宾客是否超限)
审核报表相关签字是否齐全	1. 手工报表是否有制表人亲笔签字(收入日报表、日审程序表、营业现金收入报表) 2. 房费的审计报告上:审核特殊房价是否有审批单据或领导签字确定 3. 在半日、全日房检查报告中审核签字情况和入账及结账情况。(正常退房时间为 14:00) 举例:收银权限退房时间延迟到 15:00,前台主管退房时间延迟到 16:00,更高一级的领导退房时间延迟到 17:00 4. 调账报告上:审核退账通知单签字情况 对每例调账发生数,退账通知单上由操作员、当班主管领导签字、再由财务部负责人签字,并交酒店负责人(月底)签字审核 发现异常例如:房价,先前入账为 348 元后作废改成 258 元,查明原因是否合理 5. 修改房价、换房报告上审核有修改房价换房变更签字情况
核对本日预收款数	核对本日预收款收据合计数 = 交易审核报表下收押金数,如果不相等,请在酒店挂账日志明细表收押金明细表里逐笔核对是否是单据未入账或者重复等

续表

核对房间饮料	1. 客用品表迷你酒吧表里合计数（金额）= 交易审核报表下房间饮料数，如果不相等，请在酒店挂账日志明细表房间饮料数里逐笔核对是否是单据未入账或者重复等 2. 根据每日的客用品表迷你酒吧表里明细做销售出库表
核对早餐	入账情况：夜审前计入房费里，夜审后需调整时开具杂项通知单，有的店餐厅自营的，计入餐饮收入 早餐自营与早餐外包：发出券数大于收回券数 月底结算：根据收回早餐券支付给外包单位餐费。发出券数大于收回券数（有时含房费没使用时）——早餐券当天使用，隔日过期作废，以便核算每天结算：当天在外购买当天支付，核对入账数与支付数是否一致 如有相差查找原因，由责任人赔偿入电脑账 房费是否含早根据协议合同 没有协议合同送早的早餐券由酒店负责人签字确认
核对杂项入账单	1. 杂项入账单里一般开具内容是手工房费〔早餐夜审后（事后调整）开具〕洗衣费、水果、会议室、赔偿、横幅、糕点、文具等 2. 手工房费（有单据）全日房费、钟点房费、凌晨房费、半日房从半日、全日凌晨房报告中逐笔核对，合计数 = 交易审核报表下总收入下合计数，如果不相等，请在酒店挂账日志明细表（含有全日租半日租手工房凌晨房）总收入里逐笔核对是否单据未入账或者重复等 3. 核对旅游佣金：旅游佣金单据需连号由财务核对，作废单据也需——连号不得丢弃
核对电话费	夜审交易统计表电话费 = 酒店挂账日志明细电话费 = 单据合计数，是否有费用显示。如果为零要立即通知当班主管人员，夜审前核实前台软件电话系统看是否数字跳动 电话系统 – 过夜审时先按"暂停计费"，夜审后按"恢复计费"
核对外包部门	夜审交易统计表外包部门消费类 = 酒店挂账日志明细消费类合计数 = 单据数合计 茶吧属于外包 是否重复入账/少入
核对退账通知单	退账原因是否属实，过程是否合理。（例如：销售订房佣金、房价变动） 单据上是否有酒店负责人、部门主管人员和财务负责人签字确认 调账报告某些明细是否有退账通知对应

续表

核对客人账单	单据是否齐全（按以下顺序排列） 1. 预收款收据 2. 杂项通知单 3. 客用品表和迷你酒吧表 4. 客人账单（结账单），客人账单上是否有客人亲笔签字 5. 住宿登记单／临时住宿单 6. 房间及房价变更表（如有就放上） 7. 发票记账联（视情况而定） 8. 退账通知单（费用冲减单） 9. 房价上数字是否与自动房费一致，不一致要查出原因。（临时登记表是否与电脑一致，不一致是否有房间／房价变更表）
核对信用卡签单	1. 客人签名的信用卡签账单合计金额＝POS机信用卡每日结算单总金额＝夜审交易审核报表里信用卡金额，如不一致要查明原因 2. 不操作收信用卡押金，直接做消费＝当天房费及其他收入不允许大于累计刷信用卡数（不允许找零，涉及手续费增加及套现） 3. 取消信用卡预授刷0.01分就不需长时间解冻
核对抵扣押金单	1. 押金总计＝审核账单后附有预收押金数是否一致 2. 如果不相等请在"酒店挂账日志明细表"中逐笔核对 3. 查看预收押金单据是否齐全，如果客人押金单遗失，用白联代替，上写明原因（三联单据操作）
核对凌晨房、钟点房、半日房及加收房情况	1. 核对客人白色账单上离店时间与电脑上结账时间是否相符，不符查找原因 2. 如果超出正常离店时间是否有加收房费（14:00之后） 3. 加床＝登记时电脑勾对加床栏后电话通知房务中心加床，晚上自动过加房费 4. 抽查：如果有异常，核对客房部服务员清扫日常工作报表里房间的房态（相当客房清扫房间计件工资依据）、清扫次数、客人进入时间和出来时间与电脑上相对应房间客人离店时间、入住时间、入住次数是否相符，不相符请查找原因。房态分为很多类型：例如VIC＝空房、VID＝脏房、GIO＝将退房等 5. 如果房价入账金额为特殊房价，例如标准房一天200元（小于协议价268元），必须由酒店负责人签字确定 6. 全半日租检查报告：与当天抵离表对应〔重点核对账单——属于什么账单、费用（负数）、挂账时间、操作员等〕 7. 主要侧重点核对房费 核对凌晨房、钟点房、当日抵离全价房的收费、加收情况是否入账，联房是否全部结账，房间是否全部过夜审，有没有空结房（空结＝房间入进来没收费）等。14:00～18:00退房是否加收半日房费，18:00以后退房是否加收全日房费 8. 综合查询：查询某个时间／时期段例如：14:00～18:00查找离店房间，是否全部加收房费

续表

重点：审核特殊房价审批情况	免费用房：入账为零房金房价（开房登记表的零账户类型中选择零房费。备注中需注明免收范围，如：房费、话费、迷你吧消费、免费住宿天数等信息）一般原则上房费免收其他费用自理例如：电话费、洗衣费等 电话直接通知酒店住宿的权限，仅限于XX等人 对酒店住宿发生应收费用而未收的情况，其未收费用由当班接待者承担；对酒店入住者，应实行实名登记，否则费用由接待办理入住手续人员承担；对弄虚作假者，一经发现，严肃处理 财务审核人员每月向财务部及酒店负责人上报免费房使用情况统计表 因服务质量等原因引起客人投诉，需要对账单免单或折扣的，根据实际情况，由现场主管人员签署意见，酒店负责人现场或电话委托当班主管人员免单或折扣，填写费用冲减单（或退款通知单），详细注明原因，并亲笔签字或最迟次日补签，费用冲减单由前台上交财务留存备查 酒店因特殊原因确需使用免费房的，需由使用部门填制免费房审批单，酒店财务审核后报酒店负责人审批，每月由酒店财务部向酒店负责人上报免费房使用情况统计表。酒店自用房的审批程序比照上述要求执行 业务招待费（招待用房）：是指酒店为促进业务经营，根据合理需要的原则而支付的有关业务交际费用。包括购买礼品（含向酒店领用物品）、外包免费签单、餐费支出等 外包免费签单是指酒店将多余的场地外包给其他单位或个人从事餐饮、茶室等经营而获得一定金额的免费签单权利。免费签单额一律纳入招待费管理 酒店确因业务需要招待客人，需由酒店总经办或办公室事先填制招待申请单，注明招待具体对象、事由及金额等内容，报酒店负责人审批。业务招待费报销（在外包单位免费签单视同报销）时，须附招待申请单并由财务部留存审计时备查
审核发票金额	1. 发票开票金额（如客人需要开具发票）小于或等于客人账单上费用总计数，定额发票记账联应填写开票日期。发票应附于账单后 2. 发票收发要有记录，发票按序发放以便管理。作废的发票三联都要写"作废"或盖"作废"章。定期将用完的发票存根联按序存放好。餐饮发票及时到税务局销号 3. 住宿发票开具分手工或电子开票。（需连号） 4. 电子开票核对发票报表与实际开具发票内容是否真实是否一致 5. 不允许多开发票（不收服务费），特殊情况由酒店负责人或授权同意，由财务开发票
核对修改房价/换房报告	查看修改房价换房的明细，查看修改或换房原因是否符合实际。核对修改房价房号变更单是否对应

续表

审核报表内及之间勾稽关系	1. 酒店挂账日志明细表（含有半日租全日租检查报告） 2. 宾客欠款报告（不含现金账户）与夜审交易审核报表——对应关系 昨日余额＝昨日余额／借方总额＝收入总额／贷方总额＝付款总额／余额＝计算总额 3. 夜审交易审核报表里现金总额＝前台人员账面应付现金 夜审交易审核报表里总额＝收入总计－付款总计 4. 宾客欠款报告（不含现金账户）与试算平衡报表——对应关系 余额＝宾客账里本日余额 5. 试算平衡报表 贷方总计＝实收总计／宾客和应收账款合计＝昨日余额＋本日发生－本日收回 6. 上营业日当天客人抵离房列表 核对实际当天客人抵离表与半日全日钟点房报告表对应是否入账 7. 调账报告 账单上显示∨的要注意重点审核二次结账和作废（打印金额负数消费、打印金额正数付款）
核对客人欠款	对超出正常账龄欠款，财务应及时进行审查并催缴 前台领班、销售部、对应部门相关负责人追回欠款 填写《欠款催缴表》
核对佣金	订房佣金额先由前台主管人员或销售部核对无误，财务部审核，酒店负责人签字确认后交给财务汇款（原则上以汇款形式付款）
填写日审程序表	根据以上核对内容及要求正确的填写，有差异要及时处理并确定结果 审核人员需签字
全部核对正确无误	1. 将前台收到的现金存银行，夜审交易审核报表里付款下现金总额＝每天应解入银行的现金数，（除星期六、星期日－延后）＝〔－收押金（负数表示）〕－退押金－人民币支出－人民币现金（负数表示）。每天的营业收入必须解入银行（应按每天的金额分别填写解款单，不凑整数） 2. 如果有长短款要及时处理 3. 出纳收款核对现金信用卡支票是否与交款袋数字符合，符合一致后与收银员现金收入汇总表核对，有相差要查明原因并及时解决 4. 每天收入记账凭证后附： 每日银行解款单（除星期六星期日外－延后） 每天信用卡POS机上总结算单 收款单 夜审交易审核报表

续表

| 装订报表及账单 | 一、每日装订报表
1. 手工收入日报表
2. 营业收入日报
3. 夜审交易审核报
4. 收银员现金收入汇总表
5. 酒店挂账日志明细表
6. 房费的审计报告
7. 潜在房费收入（夜审前）
8. 宾客欠款报告（不含现金账户）
9. 调账报告（如当天没有发生数也必须打印）
10. 修改房价、换房报告
11. 上营业日当天客人抵离房列表
12. 试算平衡报表
二、每日装订账单
1. 日审程序表
2. 预收款收据
3. 杂项通知单
4. 客用品表和迷你酒吧表
5. 客人白色账单
6. 住宿登记单/临时住宿单
7. 房间及房价变更表（如有就放上）
8. 发票记账联（视情况而定）
9. 预收款收据
10. 退账通知单（费用冲减单）
11. 迷你酒吧表和客用品表
12. 结账单
备注：每个班次前台收银收款报告（夜审前）附在（客人白色账单）前一起装订
三、每月最后一天装订
消费房、自用房、免费房、维修房统计报表
营业日报表
盘点前台备用金
酒店前台收银备用金库存原则上不超过人民币5000元（含5000元）财务人员平日不定期抽盘和月底监盘前台备用金，手工制表存档。如有差异应及时解决以保证账实相符，不允许借备用金 |

任务训练

一、任务实训

到调研酒店完成一次夜审操作，并总结工作重点有哪些？

二、要求组成学习小组，完成课堂讨论

1. 学习小组讨论的规则

在独立思考后，仍有疑惑需要解决，先是一帮一，两人间的讨论，如还有困难，再扩展为4人或5人间的讨论。如遇到较难的问题记录下来，班级讨论。

2. 学习小组讨论的形式

（1）自由发言式　学生可以在小组中自由发言，同学们热烈讨论，各抒己见。

（2）轮流发言式　小组成员围绕一个中心问题挨个发言，一人不漏。

（3）一帮一讨论式　当部分学生在难题面前尽最大努力也不能解决，而教师又无法加以个别指导的时候就可以采用这种讨论方式。

学习单元三

客房部职能管理

项目 1　客房部职能

学习目标

- 能够概括说明酒店客房部的职责；
- 能够准确画出客房部组织机构图并说明机构岗位设置；
- 能够准确叙述客房部受理前厅部信息处理流程；
- 能够完成客房部人力资源计划编制；
- 能够完成客房部年度资本投资计划。

课程内容

一、客房部职能

（一）客房部职责

客房是一个酒店的主要构成部门，酒店客房部的主要职能是为宾客提供安全、舒适、清洁、便利的居住环境和配套设施，负责酒店客房、公共场所的清洁卫生及绿化布置。

客房部，又称房务部，其工作的重点是管理好酒店所有的客房，通过组织接待服务，加快客房周转。客房部担负着客人住店期间的大部分服务工作，其业务范围涉及整个酒店房间和楼层公共区域的清洁卫生、物资用品消耗的控制、设备的维修保养等。客房服务与管理水平直接影响酒店的声誉和房间的销售，进而影响酒店的成本消耗和经济效益。

酒店客房部的岗位设置有客房部经理，客房部楼层主管，客房部楼层领班（早中晚），客房中心领班，楼层服务员（早中晚班），客房中心服务员等的岗位。

酒店客房部的全体员工，只有在认真履行各岗位职责的基础上，用负责的态度和饱满的热情为每一位客人提供最优质的服务，并且与酒店其他部门人员有效地沟通协作，才能让一个酒店正常高效地运行，从而为酒店创造更大的利益。

（二）客房部组织机构的模式

因酒店的性质、规模、管理和运行机制的不同而不同。酒店客房部的组织机构形态有大、中、小型三类。大中型酒店的客房部规模大、机构健全，各个分支机构及每一位员工的职责、专业、分工都很明确，其机构设置如下（图3-1）。

1. 客房服务中心

客房服务中心是客房部的信息中心，设值班员、布单领发员，也可设协调员，负责统一调度对客服务工作，正确显示客房运转状况，负责失物招领，发放客房用品，管理楼层钥匙并与其他部门进行联络协调等。

2. 房务部

房务部主要负责客房内的服务工作。客房楼面每一层楼都设有工作间，便于服务员工作。楼面人员负责全部客房及楼层走廊值台、楼层安全，房间用品的更换，设施简易维修保养，为住客提供必要的服务。

3. 管家部

管家部主要负责大堂（前厅）公共卫生、洗手间卫生、客房楼层公共区域地面卫生的打扫、洗涤，地毯的洗涤，玻璃、大理石的清洁工作，公共区域设施设备、工艺品的卫生清洁和保养，使之达到卫生标准。

4. 洗涤部

洗涤部主要负责酒店布单、客衣、工衣的收洗，为住客和酒店提供高质量的洗熨服务，为宾客提供方便。

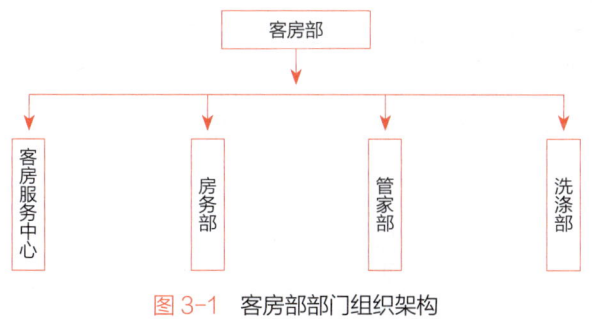

图3-1 客房部部门组织架构

二、客房部工作任务清单与职务说明

（一）客房部经理岗位职责

1. 直接上级：总经理

2. 工作任务与职责

（1）监督、指导、协调全部房务活动，为住客提供具有规划性、程序化、制度化的优质服务。

（2）负责配合并监督客房销售控制工作，保障客房最大限度的出租率和最高经济收入。

（3）制订人员编制、员工培训计划，合理分配及调度人力，并检查员工的礼仪礼貌、仪容仪表、劳动态度和工作效率。

（4）与保安部紧密协作，确保客人的人身及财产安全，教育员工，提高员工队伍素质。

（5）做好工作总结，加强部门之间的工作联系，改进工作，提高效率。建立客房部的完整档案体系。

（6）任免、奖惩主管及领班的提议。

（7）按时参加店务会，传达落实会议决议、决定，及时向总经理和店务会汇报；主持每周客房部例会、每月的部门业务会议。

（8）处理投诉，发展同住店客人的友好关系。

（9）检查贵宾客房，使之达到酒店要求的标准。

（10）拟订上报客房部全年工作计划、季度工作安排。提出年度客房各类物品的预算，并提出购置清单，包括物品名称、品牌、单价、厂家及需用时间。

（11）负责客房的清洁卫生、维修保养、设备折旧、成本控制等工作。

（12）保证客房和公共区域达到卫生标准，确保优质服务，设备完好正常。

（13）指导客房房务中心，迅速准确地为住客提供各类服务。

（14）管理好客房消耗品，并提出年度消耗、采购计划及预算，确保最佳物耗率。

（15）完成领导交办的其他工作。

（二）客房部主管岗位职责

1. 直接上级：客房部经理
2. 楼层主管岗位职责

（1）通过对客房、公共区域、工作间的日常抽查和检查，确保责任区的清洁，落实酒店规定的标准。

（2）负责楼层服务员的培训工作，指导实习生和新员工在培训期间了解、掌握酒店和部门的规章制度和工作程序，按要求检查，汇报检查情况。

（3）合理调配人力，科学编排班次，通过与其他部门的密切合作来满足客人的要求，解决客人的投诉，为客人提供高质量的客房服务。

（4）检查记录，控制好客房用品和清洁用品。

（5）检查客房家具设备和各种装置，及时联系维修更换，以保持酒店的标准。

（6）检查、分析现有的工作程序和设备，当批准或授权时，为改进现有工作状况，为新设备的工作方案提供建议。

（7）处理当班期间所发生的问题，并及时汇报给部门经理。

（8）每天查房数不少于22间，VIP房全查。

（9）完成领导交办的其他工作。

（三）房务中心主管岗位职责

（1）严格查阅交接记录，发现问题，马上追问，落实到底。

（2）监督接线员、服务员，严格按照办公室管理规定及房务中心制度办事。圆满处理客人投诉，定期拜访住客，建立可靠的客源。

（3）配合、协调楼层保洁部的工作，保证对客服务的一致性。

（4）负责长包房物品登记，客遗物品，赠品的交接、存放。

（5）配合、协调前厅部做好房态核对、信息传递等。

（6）配合、协调工程部保证维修及时、高效。

（7）配合、协调保安部做好安全消防工作及夜班的保卫工作。

（8）完成领导交办的其他工作。

（四）保洁部主管岗位职责

（1）负责酒店内外环境卫生，确保公共区域环境优美、无杂物、无异味、无卫生死角。

（2）根据工作要求合理调配所属员工，编制排班表、记录考勤，制订培训计划、内容，培训员工正确使用化学药剂和清洁设备。

（3）对保洁部员工进行店规教育，检查工作质量、效率。

（4）负责领用保管清洁用品，降低成本，控制物耗，提高效率。

（5）按时参加部门例会，汇报工作，并传达落实例会的各项决议、决定、通知，编写工作日志和交接班报告。

（6）负责所辖区域的防火工作和巡视。

（7）维护保洁部工作的正常运转，检查仪表、礼节、劳动效率、讲评员工，带领员工做好工作。

（8）负责检查，报修本区域设施设备，确保区域内设备设施工作正常。

（9）合理按规定调动劳力，完成日常工作和分配任务，严格操作程序，保养地毯、地面、沙发等用具。

（10）如发现客人、员工的意外事故，立即向经理汇报并详细记录原因、经过和当事人。

（11）检查、督导各项工作具体落实情况。

（12）加强清洁机械的保养和维修工作的督导管理。

（13）完成上级交办的其他工作。

三、客房部受理前厅部信息流程

（一）客房中心接到前厅各类订单（可由信息系统完成）

预览订单、表格上各个项目是否填写完整，了解各类注意事项后，在订单、表格上签名，并写上签名时间，然后归类挂在信息板上，根据时间、日期对相关人员作提示、布置。

（二）前厅为客人查询遗留物品（可由信息系统完成）

迅速查阅遗留物品登记本，根据客人反映的时间、品名、特征、检索登记本上的结果，如果检索到有此客人描述的物品，则按遗留物品处理程序进行处理；如果没有检索到此客人描述的物品，应请稍等一下，向其他人员（如楼层领班、员工、主管）了解情况；如确实没有，则应该向主管报告，同时请客人留下联系电话，待次日将主管的处理结果反馈给客人。

（三）接到前厅送来的报纸、杂志

点清前厅送来的报纸、杂志数量并检查是否分类，然后签上时间、名字以作签收；在规定的时间内，如没送来，应跟进并问明原因。

（四）收到前厅送来客房中心需中转给客人的物品

检查"中转"单上的物品名称、数量、双方客人姓名、留言、资料是否齐全，与实物是否相符，核实无误后签收、暂存（不明物品及违禁物品一律不得转递、暂存），再根据"单上"资料、时间通知领班做相应的转递处理。如果在注明的时间内未能中转给指定的对方，则应立即反馈到前厅，由前厅联系客人请示意见。而房务中心对"中转"三天内无结果的，要暂存登记到客人的遗留物品簿，以便追溯并记下时间、工号、序号及有关内容。VIP鲜花、水果派送也属于中转之列，应及时通知领班、主管跟进。

（五）前厅向客房中心报入住或离店

要求重述房号、工号给对方，以免听错，然后迅速通知楼层，在规定的时间内（3分钟）如楼层没完成，则必须重催、跟进，以免延误客人时间而投诉。

（六）接到入住紧张需要赶房的信息

立即与楼层领班沟通，反馈房态情况供前厅参考，并通知主管组织人力跟进。

四、客房部与工程部信息责任

（一）有会议接待时

根据会议要求，检查灯光、电器设备，通知工程部调试音响、麦克风，调试视听设备、悬挂横幅，开启空调设备，以确保会议召开期间设备运转正常。

（二）客房维修项目

客房维修项目，影响开房的要在当班时间内跟踪并提醒领班跟进后转VC房。叫工程部尽快维修好并报告主管，以免维修房过夜。在住房产生的维修，要第一时间通知楼层领班和工程部前往查看维修处理；不能在短时间内解决的，要征求客人意见与前厅协商是否换一个房间，尽力满足客人。其他公共区域的维修，要及时传达到工程部，做好记录和跟踪。

五、客房部工作计划制订

（一）部门年度人力资源计划与预算

1. 概要

部门在制订部门年度人力资源计划时，要充分考虑本市人力资源状况，对比同行业同星级酒店同部门的人力资源情况，还要参照今年本部门的情况，并要综合考虑全年的经营计划，制订出合理的年度人力资源计划。酒店的人力资源计划是以部门人力资源计划为基础的，所以部门领导班子应对设定的每个项目认真研究讨论，制订出本部门人事及培训的计划与预算。

2. 部门行政架构说明

部门在制订部门行政架构时，要充分考虑部门的具体情况，本着合理利用劳动资源的原则，制订部门的行政架构。

3. 部门年度级别、工资、编制预算概要

在制订部门年度级别、工资、福利预算时，应根据部门的行政架构图及酒店规定的工资标准按照"年度级别、工资、福利预算表"制订部门的预算。

需注意所有员工培训期工资均按比例支取的同时，部门经理还应按员工的工作资历、学历高低等来决定员工的起薪标准；起薪标准要就低不就高，对于资历不够或者经验不足的员工要从低过该岗位最高限工资标准起薪，以后经过评估和调整，直到达到本编制相应职位的标准为止。

4. 年度级别、工资、编制预算说明

年度级别、工资、编制预算说明如样表 3–1 所示。

表 3–1　年度级别、工资、编制预算样表

人员编制计划	今年相关数据	增加/减少	原因分析
平均工资	今年相关数据	增加/减少	原因分析
总工资	今年相关数据	增加/减少	原因分析
级别	今年级别情况	改变/没改变	原因分析

备注：人力资源部在进行此分析时要仔细研究部门报上来的相关分析，再综合酒店的实际情况做出此分析报告。

5. 年度培训计划与预算

年度培训计划与预算可参见样表 3-2。

表 3-2　　　　　　年度培训计划与预算样表

序号	部门负责的培训项目	参加班组及人数	费用预算
总计			

6. 部门人力资源主要数据统计（月）

部门人力资源主要数据统计如样表 3-3 所示。

表 3-3　　　　　　　部门人力资源主要数据统计样表

部门（预算）	人数	平均工资	总工资	总福利	培训费	总计
今年相关数据						
分部门	人数	平均工资	总工资	总福利	培训费	总计
总计						
部门年度工资福利及培训总费用预算				人民币：（元）		

7. 部门劳动力成本分析

做好本部门的劳动力成本分析对制订部门明年的工资、福利预算有着非常重要的意义，进行此分析就是要根据部门经营策略和效益状况，在充分保证部门人力需求的前提下不断提高人力资源的素质,并逐步达到节省人力资源的目的。另外要根据自己部门的经营特殊性,合理安排员工的倒班时间,也要根据部门经营的淡旺季考虑增添临时工、实习生以控制好劳动力成本。

(1)劳动力成本分析说明

部门劳动力成本分析如样表3-4所示。

表3-4 劳动力成本分析样表

项目	分析说明		
今年部门总用工数及总工资福利说明			
明年部门总用工数及总工资福利计划及预算说明			
今年劳动力种类说明	占部门总员工数		
	外聘人员数		%
	合同工人数		%
	实习生人数		%
	临时工人数		%
	员工总数		%
明年劳动力种类说明	占部门总员工数		
	外聘人员数		%
	合同工人数		%
	实习生人数		%
	临时工人数		%
	员工总数		%
今年部门劳动力成本与总收入对比分析			
明年部门总劳动力成本计划占总营业预算的计划比例			

(2)部门编制制订的分析

在进行部门编制制订的分析时,要对各岗位的设立、各岗位的人员数的设立的必要性、倒班时间安排的合理性做出详细的说明。同时,也要考虑部门的特殊情况,针对部门的现状(比如筹备期、试业期、全面开业的不同)以及各岗位工作的特殊性等进行部门编制制订的分析。

(二)部门年度资本性投资计划

1. 部门年度固定资产采购计划

部门年度固定资产采购计划如样表3-5所示。

表3-5　　　　部门年度固定资产采购计划样表

部门名称:	
填写日期:	要求采购日期:
采购固定资产名称:	
规格要求:	
价格:	
供应商推荐:	
采购理由(其他理由请加以文字说明): 节能□　　　　安全□　　　　　　更新□ 关键服务□　　　　其他理由□ 说明:	
投资回收效益计算依据(请尽可能直接计算投资后的回报):	
部门负责人审批:	
备注:每一项需采购的固定资产须单独填写一张此表格。	

2. 部门年度固定资产采购计划费用

部门年度固定资产采购计划费用如样表 3-6 所示。

表 3-6　　　　部门年度固定资产采购计划费用样表

部门名称：

需采购固定资产名称	预算费用					
	1月	2月	3月	4月	5月	6月
小计						
需采购固定资产名称	预算费用					
	7月	8月	9月	10月	11月	12月
小计						

汇总日期：　　　　　　　　　　单位：元

备注：此表格分部门填写，由财务部负责汇总。

3. 部门年度固定资产采购说明

部门年度固定资产采购说明样表（表3-7）填写要求：若所采购物品超过　　元（包括　　元），请填写"扼要说明"。

（标准由酒店根据实际情况自定）

表3-7　　　　　部门年度固定资产采购说明样表

固定资产名称	部门	金额	%	扼要说明

日期：　　　　　　　　　　　　　　　　　　　　单位：元

4. 维修保养计划汇总

部门维修保养计划汇总如样表 3-8 所示。

表 3-8　　　　部门维修保养计划汇总样表

部门名称：

维修保养内容	1月	2月	3月	4月	5月	6月

维修保养内容	7月	8月	9月	10月	11月	12月

备注：1. 各部门根据自己的实际情况安排需要保养内容和保养时间。
　　　2. 此表格交工程部汇总。

5. 维修保养计划明细

维修保养计划明细如样表 3-9 所示。

表3-9　　　　　　　　　维修保养计划明细样表

维修保养内容	现时状况	保养时间	费用预算	备注

备注：费用预算一栏由工程部填写。

任务训练

一、任务实训

调研一家酒店客房部，按照本课内容，使用相关工具表格，编制该酒店客房部经理的年度人力资源计划及年度投资计划。

二、要求组成学习小组，完成课堂讨论

1. 学习小组讨论的规则

在独立思考后，仍有疑惑需要解决，先是一帮一，两人间的讨论，如还有困难，再扩展为 4 人或 5 人间的讨论。如遇到较难的问题记录下来，班级讨论。

2. 学习小组讨论的形式

（1）自由发言式　学生可以在小组中自由发言，同学们热烈讨论，各抒己见。

（2）轮流发言式　小组成员围绕一个中心问题挨个发言，一人不漏。

（3）一帮一讨论式　当部分学生在难题面前尽最大努力也不能解决，而教师又无法加以个别指导的时候就可以采用这种讨论方式。

项目 2　客房部库存管理

学习目标

- 能够叙述酒店布草的种类与配置标准；
- 能够叙述酒店工服制作标准规范；
- 能够说明酒店一次性用品的管理方法；
- 能够叙述客用布草管理方法。

课程内容

一、布草管理

布草是指包含卫浴棉织品（毛巾、浴袍类）、床上用品（床单、被套、枕套以及枕芯被芯、保护垫等）、餐厅布草（台布口布椅套等）三大类，具体产品可根据使用需求适当调整，客房窗帘等也属于布草类。

（一）客房布草配置

客房布草配置情况如表 3–10 所示。

表 3–10　酒店客房布草配置情况

编号	名称	规格	备注及要求
1	床单 （1.35×2.00m 床）	230×300cm	全棉，精梳纱，白色，2cm 缎条，60S×40S/300T
2	床单 （1.80×2.00m 床）	280×300cm	全棉，精梳纱，白色，2cm 缎条，60S×40S/300T
3	床单（行政楼 2.00×2.00m 床）	300×300cm	全棉，精梳纱，白色，四线条，60S×60S/300T
4	床单（总套 2.20×2.20m 床）	320×320cm	全棉，精梳纱，缎纹 80S×60S/400T

续表

编号	名称	规格	备注及要求
5	被套（1.35×2.00m床）	210×245+5cm	全棉，精梳纱，白色，2cm缎条，60S×40S/300T
6	被套（1.80×4.50m床）	260×245+5cm	全棉，精梳纱，白色，2cm缎条，60S×40S/300T
7	被套（行政楼2.00×4.50m床）	275×245+5cm	全棉，精梳纱，白色，四线条，60S×60S/300T
8	被套（总套2.00×4.50m床）	295×265+5cm	真丝提花，牡丹花，60S×220D，3400T
9	枕套	55×85+5cm	全棉，精梳纱，白色，2cm缎条，60S×40S/300T
10	枕套	65×95+5cm	全棉，精梳纱，白色，四线条，60S×60S/300T
11	枕套（总套）	65×95+5cm	真丝提花，牡丹花，60S×220D，3400T
12	枕芯	50×80cm	全棉，白色防羽布，40S×40S/223T，内充800g成型棉
13	枕芯（羽绒枕）	60×90cm	全棉，白色防羽布，40S×40S/223T，内充白鹅绒，30%
14	枕芯（健康枕–智能麦饭石）	50×80cm	一面1cm米黄缎条面料，一面乳胶面料
15	被芯（1.35×2.00m床）	185×230cm	全棉，白色防羽布，40S×40S/223T，内充成型杜邦棉
16	被芯（1.80×2.00m床）	240×230cm	全棉，白色防羽布，40S×40S/223T，内充成型杜邦棉
17	被芯（2.00×2.00m床）	260×230cm	全棉，白色防羽布，40S×40S/223T，内充白鹅绒，70%
18	被芯（2.20×2.20m床）	280×250cm	全棉，白色防羽布，40S×40S/223T，内充白鹅绒，70%
19	被褥	135×200cm	白色T/C110/76，填充140g/m²定型棉，360g/m²进口松棉
20	被褥	180×200cm	白色T/C110/76，填充140g/m²定型棉，360g/m²进口松棉
21	被褥	200×200cm	白色T/C110/76，填充140g/m²定型棉，360g/m²进口松棉
22	被褥	220×220cm	白色T/C110/76，填充140g/m²定型棉，360g/m²进口松棉
23	浴衣		全棉华夫格，绣LOGO，和服领
24	浴衣		白色，长毛圈，和服领，1000g/pc，绣店标
25	大浴巾	80×150cm，820g1	全棉，白色，螺旋，精梳纱，16S/1×21S/S×16S/1，中间织

续表

编号	名称	规格	备注及要求
26	面巾	40×76cm, 210g1	全棉，白色，螺旋，精梳纱，16S/1×21S/S×16S/1，中间织
27	方巾	33×33cm, 70g	全棉，白色，螺旋，精梳纱，16S/1×21S/S×16S/1，中间织
28	地巾	50×80cm 450g1	全棉，白色，精梳纱，16S/1×21S/S×16S/1，中间织
29	踏脚毯	80×110cm, 1500g	全棉，白色，长绒
30	方枕	50×50cm	白色，T/C，45S×45S/186，填充500g杜邦棉
31	床尾巾（200×200cm床）	50×260cm	古典绒面提花（罗马贵族）
32	靠枕套	49×49cm	古典绒面提花（罗马贵族）
33	备用被套	200×240cm	全棉，白色，精梳纱，缎纹，40S×40S/200T
34	备用被芯	190×230cm	白色，T/C，45S×45S/186，成型杜邦棉/2000g
35	床裙	135×200+29cm	装饰面料，五折，内加床笠
36	床裙	180×200+29cm	装饰面料，五折，内加床笠
37	床裙	200×200+29cm	装饰面料，五折，内加床笠
38	床裙	220×200+29cm	装饰面料，五折，内加床笠
39	电吹风套		绣印中英文店标、店徽
40	会议台布	7.80m	绿色和浅蓝色
41	会议台布	1.83m	红色，绿色和浅蓝色
42	会议台布	3.66m	红色，绿色和浅蓝色
43	会议台布	5.49m	红色，绿色和浅蓝色
44	会议台布	1.50m	红色，绿色和浅蓝色

（二）合理管理和控制酒店布草操作

（1）各部门需使用的布草，根据实际使用量配置一定数量，各部门必须负责保管，布草房储备足够用量做周转。

（2）换洗布草以脏布草换干净布草时，不能及时换领的，双方做好记录，洗涤后由使用部门领回。

（3）逐一检查洗衣房送回的清洁布草，将破损或有污渍的集中放置。

（4）在记录簿上登记报废布草、毛巾的种类和数量，并区分自然耗损和非自然耗损，以便准确统计。

（5）每月将上述有关数据汇总并将报告送交客房部经理及财务部。

（6）报废的布草、毛巾留待改为抹布使用。

（7）每月定期进行布草盘点。

二、制服管理

（一）建立标准量水平

酒店制服作为企业形象视觉识别系统的重要组成部分，通过它的标识性、形象性、审美性等传达出企业文化的信息，成功的酒店制服既可以完美地传达酒店的经营理念、行业特点、工作性质和精神面貌，又能使酒店员工明确各自职责、无形中它可约束和规范员工的思想观念、言行举止、强化其归属感、责任感和荣誉感。

高标准酒店制服以"专业设计、选材良好、做工精致"为规范。"专业设计"即正确的设计定位，并完美地体现酒店制服的文化性、形象性、标识性和功能性。

"选材良好"是指酒店依据工种和职务不同，在制服选料时须细分对待。如管理人员分A、B、C级，级别越高对制服面料的要求越高，常选用精纺毛料织物、混纺毛料织物，含毛在50%～70%以上，不褪色，不起毛；门童、行李、礼仪则一般选用材质垂性较好、挺括的化纤或混纤类面料，便于洗涤；前厅服务员、接待、客房中心的材质根据设计要求，常以混纺面料为主，挺括、富有色泽、垂性、洗涤后不变形为主要标准；餐厅类服务员，材质以纤维类织物较好，要穿着舒适，不易皱，缩水率小，色泽明快、不拉丝、垂性好，污渍易洗不变形，如提花织物等；工程服选择材质多以防静电、坚固、耐磨、耐脏、易洗的涤棉混纺面料，特别要注意制服的安全性。

"做工精致"要求制服的工艺缝制要合格，版形要合理、洗涤保养不变形。如高级管理人员，西装必须挺括、平整，版形设计要优雅，西服类必须量体合身定做，挺括整齐、平整，穿着后优雅有美态，吻合管理人员的仪表要求；前厅人员、礼仪小姐、餐厅类服务员：必须合身，量体定制，滚、镶、嵌等工艺要精致、整齐、平整；客房、SPA、工程、厨师、餐饮部、服务类注重版形的合理性，对员工进行合理的均码着装，尽可能做到合身，工艺处理上注重细节以及开叉、口袋等功能性的装饰缝制，对重点部位要打套结，对领形等主要部分要注重缝制工艺的合理性。整体穿着后，要整齐、平整，整体合身，在功能上缝制设计必须加牢固性处理。

（二）库存控制

库存管理首先需要确定标准库存量。标准库存量是指在两次送货之间所存有的新产品数量。理论上来讲，库存水平越低，占用的资金数额越少，变动储存成本越低。星级酒店希望库存量能够保持到最低水平，甚至希望实现"零库存"管理。但在实践中，尤其是对于酒店这样的行业，很难完全实现"零库存"管理。

（三）酒店选购工作服方法

酒店应根据自己的实际情况和采购量挑选工作服厂家，并对厂家的实力、资质、服务经验、员工素质及生产设备做一个综合评估分析，但厂家也不是越大、越有实力就越好。首先它必须有丰富的酒店工作服设计、生产和服务经验，因酒店工作服不同于市场零售服装，它品种多、数量少、款式繁琐，配件饰物多，工作磨损大，不是哪一家服装厂都能生产；其次了解厂家必须有足够的生产实力以保障酒店在规定时间尤其是开业庆典等特殊时间确保着装。此两方面具备后，另外如果员工素质高，勤力且服务好，则可以重点考虑。

合作厂商确认后，可与厂商召开洽商会议，酒店将采购要求、目的与厂家商讨，并要求厂商以专业水准解答疑问，提交策划、设计与服务方案，并不断修正，力求双方满意。不过，酒店方应避免的是，不可将个别管理者的个人喜好强加于厂商，影响到设计方案，厂商切不可片面迎合部分高层管理人员的非专业建议。酒店工作服策划是一个系统工程，务求款式多变，整体协调。双方在讨论方案时需注意这几个方面：岗位服务与所在场馆的和谐，员工级面料的耐磨耐洗性。各岗位服装的职位服务所求，管理层工作服的稳重大方等。如厂商修正几次，仍不能令酒店方满意，酒店方应重新评估厂商资质，考虑更换厂商。

方案确定后，尺码的确定与选择是一大难题，酒店应提出要求，监督审核厂商制订，酒店员工流动性大，普通员工不宜量身订造，应根据员工男女比例、年龄阶段、南方或北方体型特征、该地区的衣着习惯等参考因素制订。

在交给厂商生产后，切不可松懈，应派人随时抽查，是否按样生产，有无外发第二家生产等。这样，方能确保产品质量。

售后服务质量也反映了厂商的整体水平，酒店方除严格检查货品质量外，还应根据酒店的特殊情况，提出售后服务要求。如服装尺寸的修改，新进员工的及时增补，纽扣及配件的补给，各类服务的洗涤保养方法及不合格服装的重做等，宜要求厂商做出二年期服务承诺，这样，方能防止出现质量问题。酒店工作服订购程序大抵如此，挑选一家经验丰富、服务素质高而又有实力的厂商，可以帮酒店省心许多。

三、客人借用品管理

（一）物品类型

烫衣板和熨斗；电吹风机；多功能电源插座；针线包（一次性）；雨伞；小剪刀；胶水等。

（二）标准量水平

酒店客房 1/3 的配置数量。

（三）库存控制

（1）所有物品出库前必须有出库单，出库单必须有所在部门负责人签字。

（2）物品出库，数量要准确（账面出库数量要和出库单，实际出库数量相符）。做到账、货物相符。发生问题不能随意的更改，应查明原因，是否有漏出库，多出库的情况。

（3）库管员严格执行凭出库单出库，无单不出库，内容填写不准确不出库，数目有涂改痕迹不出库，发生上述问题应及时地与相关的责任人做好货物的核对，保证出库单的正确性。

（4）物品发放按"先进先出、推陈储新"的原则进行，做到不易保管的先出、包装简易的先出、容易变质老化的先出。

（5）保管员要做好出库登记，并定期向部门负责人汇报。

（6）为了防止出现出库货物差错，要严格遵守出库制度，应先写好出库单并且所在部门负责人签字后，交库管员进行出库登记工作，完成后才可以到库房领取物品。

四、清洁用品管理

（一）类型

空气净化剂、清洁剂、清洁工具、消毒液、擦窗机、抛光机、吹干机、疏通机。

（二）库存控制

（1）有限的库存空间。
（2）各种物资的有效期是决定库存的最大因素。
（3）酒店的现金流控制，其占用资金时间较长。

五、客用品管理

（一）类型

食品饮料、安防用品、其他茶叶、鲜活水产品、其他酒类、其他饮料、冷饮、其他休闲食品。

（二）库存控制

库管员开单或记账时前后使用计量单位必须统一，若出现计量单位混用所造成财务混乱、成本反映不真实等损失，由库管员承担。如：酒水入库不能按箱、件为单位，应以其完整的最小计量单位"瓶"为入出库计量单位。对鲜活品计算重量时，必须以市斤或公斤或克为计量单位。

对每种进出库物资的计算，采用先进先出法，金额要求保留小数点后两位。

六、客房一次性用品控制和管理

（一）管理原则

一次性用品的管理通常实行"专人管理、分区负责、责任到人"的原则。

（二）三级控制管理方式

1. 服务中心总控

服务中心主管负责客房仓库的管理、库存一次性用品的管理、周期性统计及有效控制；库管负责日常一次性用品的收发和统计。

2. 区域分控

楼层领班负责分区楼层一次性用品的管理，一次性用品的每日用量按该楼层房间数量的 1:2 配备，共配备 7 天的用量（工作车上的一次性用品，总数与该楼层房间数量比为 1:2，即每间房按两人入住来配备，剩余 6 天的用量存放于布草间的橱柜中。

3. 楼层主控

楼层台班服务员负责本楼层一次性用品的使用和储存。

（三）仓库分类和配置

（1）客房部仓库配备货架，一次性用品分类需叠放整齐，每周整理一次。并做好相应的防鼠、防霉变、防意外损毁措施，在相应的货架处用统一的标签注明一次性用品名称，放置库存管理卡片（根据该类一次性用品的收发情况，每日登记进、销、存）。所有一次性用品必须保证先进先出。

（2）楼层布草房配备橱柜，一次性用品分类需叠放整齐，并在橱柜内标明用品的名称，每周整理一次。

（四）一次性用品的使用和统计

1. 楼层服务员在做好房间后，按《客房服务员每日工作表》上的要求，根据实际情况，认真填写每间房的一次性用品的消耗情况，并做好统计工作。

2. 住客房在打扫时应注意的问题

（1）牙刷　牙刷头未有明显变形，禁止扔掉，如客人提出更换要求，则须更换新的牙刷。

（2）牙膏　检查牙膏剩余多少，如有必要，补放一只牙膏放在漱口杯子右侧。注意若有两位客人时，摆放牙刷的左右位置不要移动。

（3）拖鞋　未有明显污迹、湿迹，禁止扔掉，如客人没提出更换要求，则须更换新的拖鞋。行政楼层房间客人用过的拖鞋回洗后放到 10F～12F、21F 房间重复使用，普通楼层房间客人用过的拖鞋回洗后放到度假楼层重复使用。

（4）梳子　未有断齿、明显污迹，禁止扔掉，如客人没有提出更换要求，不用更换新的梳子。

（5）卷纸　若少于三分之一时，请加放一卷，放置在马桶水箱上方。

（6）护理套装　客人使用过后，为其更换新的。

(7)香皂 若少于二分之一时,需加放一块,放置在皂碟的右侧。

(8)垃圾袋 房间里的垃圾桶内不再使用垃圾袋。

3. 长包房根据协议要求配置,一般情况不配置一次性用品。

4. 楼层服务员在整理房间过程中将可以重复利用的牙具套装、护理套装等外包装重新进行收集,不得随意扔掉。

(五)一次性用品领取

(1)客房仓库的一次性用品由库管进行发放,楼层领班和主管协助。

(2)库管根据上周《客房服务员每日工作表》上使用的一次性用品的数量,于每周日前做好统计,每周一将需申领的物品数量通过Check-in下订单;每周二从大库将楼层和库房所需物品领出后给每个楼层补齐一周的货。客房仓库备存2~3天的一次性物品,用于个别楼层临时缺货给予补充使用。

(3)服务员如果需要做房间,必须填写《客房服务员每日工作表》,并在下班前交至服务中心;并将一次性用品放回相应位置,并整理好工作车,做好次日的准备工作。

(六)一次性用品控制管理

(1)实行目标管理,每间房的一次性用品成本控制在20元以内。

(2)库管、客房主管、领班等管理人员应每周不定期对楼层布草间进行抽查,发现一次性用品数量缺少的,及时由员工按成本价作赔偿处理。

(3)当天的所有《客房服务员每日工作表》必须交至库管处,由其根据工作表上每人的一次性生活用品的消耗情况填写电脑中当日的《一次性用品统计表》。

(4)楼层领班每日必须查看电脑中的《一次性用品统计表》,了解每名员工的做房过程中一次性用品的消耗情况,发现消耗不正常现象及时处理。

(5)楼层服务员必须至少每月轮换楼层,轮换楼层时须相互进行一次性用品的清点;库管每月根据规定须对客房仓库进行盘存,统计月度一次性用品的消耗数量,由酒店财务负责抽盘。

(6)库管应对一次性用品的库存和使用情况了如指掌,随时检查,客房仓库的库存管理卡片的进、销、存情况,并与实际库存核对,及时向服务中心主管汇报所需申购物品情况,在减少库存的情况下保证酒店一次性用品的正常使用。

(7)客房主管必须每月进行一次性用品统计和实际的消耗情况统计,对库存情况和申购情况进行比较，保证实际消耗的一次性用品的数量和电脑统计以及各类相关报表中数量一致。

（8）楼层服务员下班前需检查自己的工服口袋，不可将一次性用品带出工作岗位，客房部经理、楼层主管等管理人员有权对员工衣柜，宿舍进行检查。

（9）对于个别客人需要添加的易耗品，服务员需登记在做房表上。对于一些过分要求添加易耗品的，服务员需汇报给领班或主管。

任务训练

一、任务实训

调研一个酒店客房部，对该酒店布草及一次性用品的管理情况进行了解总结，对照本课内容分析酒店执行管理情况，并提出改进措施。

二、要求组成学习小组，完成课堂讨论

1．学习小组讨论的规则

在独立思考后，仍有疑惑需要解决，先是一帮一，两人间的讨论，如还有困难，再扩展为4人或5人间的讨论。如遇到较难的问题记录下来，班级讨论。

2．学习小组讨论的形式

（1）自由发言式　学生可以在小组中自由发言，同学们热烈讨论，各抒己见。

（2）轮流发言式　小组成员围绕一个中心问题挨个发言，一人不漏。

（3）一帮一讨论式　当部分学生在难题面前尽最大努力也不能解决，而教师又无法加以个别指导的时候就可以采用这种讨论方式。

项目 3　客房部预算控制

学习目标

- 能够概括说明酒店客房预算的构成；
- 能够准确叙述掌握制订客房预算的原则；
- 能够按照预算制订方法编制客房预算方案。

课程内容

一、客房部预算

（一）客房部预算构成

客房部预算基本由客房建造投资预算、客房年度经营收入预算、客房年度运营费用预算构成，通常以报表形式列出相关预算金额。客房预算是指导经营开支的纲领，是整个客房部经营管理工作的基础。

（二）制订客房预算的原则

1. 轻重缓急原则

制订预算时，所有预算项目必须分清轻重缓急，按以下先后次序排列：

第一优先：来年绝对必须购置的项目；

第二优先：增加享乐程度和外观的新项目；

第三优先：未来两年内需要添置的项目。

酒店在开业三年以后，总有必要对某些设施进行更新、改造和重新装饰，这些更新项目往往占了预算开支的一大部分。但是如果能将过去所购物品的购买数量和使用时间记录在案，那就会给客房管理人员的年度资金预算计划提供方便。

2. 实事求是原则

预算必须实事求是，按照客房部的实际状况和经营需要制订。否则，如果客房管理人员为了得到预期的金额而在预算上报了多出两倍的金额，那么，将来的实际开支就将是实际预算的两倍。事实上，如果按轻重缓急序列制订预算，也没有必要做这种"预算外的预算"。

3. 充分沟通原则

在绝大多数酒店，客房部门要负责整个酒店的家具配备工作。因此，客房管理人员必须与其他部门负责人（特别是工程部）保持联系，以便协商确定客房部与这些部门预算有关的统一开支款项。

（三）制订客房预算的依据

1. 客房出租率

客房出租率是制订客房部预算的最重要的依据。客房部应根据酒店经营业务总计划、前厅部预测的客房出租率，来决定其各项费用和支出的高低。

2. 各项支出和物资用品消耗量的历史资料

客房部的各项支出和物资用品消耗的历史资料，提供了酒店营业的一般状况和趋势，再根据下一年度接待的特殊需要和安排做出必要的调整，即可制订出较准确的预算。

3. 客房部各类日常工作记录

客房部各项有关员工操作、物品的消耗和贮存、设备维修保养的记录、客房历史档案等，都是制订预算的重要参考依据。客房部应妥善保管好工作报表和记录，为制订预算提供各种准确数据。

（四）客房预算的主要项目

编制客房部预算，实际上是对客房部经营活动中的费用开支进行预先的估算。这些项目大致包括以下内容。

（1）工资预算　由人事部负责制订。

（2）布草及制服预算　客房部应制订出详细的预算，计算出准确的消耗量。

（3）清洁用品　客房部应制订出各种清洁器具及清洁剂的用量，以及需要增加的用量。

（4）印刷品和文具用品　这部分预算既包括客房部办公用品，还包括一些广告宣传用品。

（5）洗衣成本　洗衣房划归客房部管辖时，应做出预算。

（6）客房低值易耗品　客房部应按正常消耗量和非正常消耗量计算出费用。

（7）客房设备　包括客房设备的维修与更新，这是客房部预算的大项。客房部应根据酒店的更新改造计划，以及客房设备的实际状况，制订出有关客房重修、改建和装修的费用预算。

（8）其他 ①电话、电报、邮资；②行政支出；③员工关系（员工聚会、生日等）；④差旅费用；⑤培训费用；⑥医药费用。

二、客房部预算编制方法

（一）客房建造投资预算

客房建造投资预算包括客房建筑装修工程、基本设备设施配套等投资费用，通常以建造总费用平均的建造房间数量体现。

如某酒店建造客房 100 间，其中标准双床房 40 间、大床房 50 间、单床房 5 间、套房 5 套。按照不同房型与配置的投资费用预算，其投资预算表现形式如表 3-11。

表 3-11　客房投资预算表

客房类型	数量/间套	平均建造标准/(万元/间)	投资费用预算/万元
双房	40	6	240
大床房	50	6	300
单床房	5	6	30
套房	5	10	50
总计	100	—	620

（二）客房年度经营收入预算

客房年度收入预算是在客房年度销售数量预测的基础上，按照年度客房拟订平均房价及预测出租率形成的预算形式。

如某 100 间客房的酒店，拟定年度平均房价 350 元、年平均出租率 70% 预测，该酒店年度营业收入预算如表 3-12：

表 3-12　年度营业收入预算表

平均房价 / 元	平均出租率 /%	营业收入 / 万元
350	70%	350 元 ×100 间 ×365 天 ×70%（出租率）=894.25

（三）客房部年度运营费用预算

客房部年度运营费用预算主要包括年度人员薪酬费用、能源物耗费用及财务税务费用等。

1. 年度人员薪酬费用编制是按照客房部年度用工岗位、编制数量、薪资标准进行编制，样例如表 3-13。

表 3-13　客房部年度人员薪酬费用编制表

人员岗位	编制数量	岗位年薪总额 / 万元	薪酬合计 / 万元
房务部经理	1	10	10
房务领班	4	5	20
房务中心	8	3	24
客房清洁员	12	3	36
客房 PA 技工	2	4	8
预算总计	27	25	98

2. 年度能源物耗费用主要包括年度一次性物耗、年度水电能耗、房租物业费用（如客房为租赁经营）及住客早餐成本等部分。样例如表 3-14。

表 3-14　年度能源物耗费用

能源物耗	年度费用金额 / 万元	备注说明
水、电费用	70	年度客房部水电总费用合计数

续表

能源物耗	年度费用金额/万元	备注说明
物耗费用	30	一次性用品（8元/间） 布草洗涤费（10元/间） 日常部分布草周转损耗添置（不包括一次性整体更新费用） 客房及地毯等清洁用品
房租费用	200	按照协议年租金计算
早餐成本	38	按每位早餐标准成本15元计算
预算合计	338	—

3. 财务、税务费用主要是指银行贷款利息、银行卡结算扣点及税金缴纳等，样例如表3-15。

表3-15　酒店财物、税务费用

费用明细	费用金额/万元	备注说明
财务费用	80 3.6	按照1000万元贷款、银行基准利率8%测算 按照1200万结算额、银行卡结算扣点0.3%测算
营业税	71.54	按照营业收入894.25万、营业税率8%测算
预算合计	155.14	—

（四）酒店客房部年度经营预算

在不考虑客房投资回收前提下，客房部年度经营预算为年度收入预计减去年度费用总额的结果，以上例内容结果表示如表3-16。

表3-16　酒店客房部年度经营预算

预算明细	预算金额/万元	备注说明
营业收入预计	894.25	收入合计

续表

预算明细	预算金额/万元	备注说明
年度运营费用	98+338+155.14=591.14	费用合计
总收支预算	894.25-591.14=303.11	利润

三、预算的管控

预算是全年经营活动的指南，预算是管理人员用来控制和指导经营活动的根据，预算能改善资金使用率，所以制订预算要力求谨慎，一旦制订批准，它就必须成为管理收支的依据。

（一）预算准备

根据统计资料提供数据，分析并权衡出租率，以及平均房价与客房年度销售各项指标之间的关系。包括以下几点。

（1）确定客房出租率和平均房价的浮动百分比。

（2）计算年度客房出租间天数。

（3）根据季节差别和酒店接待能力，将客房销售预计达到的平均房价、出租率、间天数及客房总收入按月分解并单列。

（4）填制客房年度销售预算表并报总经理审核。

（二）客房费用控制要点

（1）检查各类物品库存量，客房部经理对现有库存要做到心中有数。

（2）确定年消耗量，客房部经理要使预算做得合理，必须研究各类物品的年消耗量。

（3）了解酒店近期规划是否有更新改造或某类产品的改型，并根据规划制订预算。

（4）了解年度销售计划和平均出租率，结合年消耗量和库存因素制订预算。

（5）由于客房部还负责其他部门家具配备、更新财产维修工作，因而应与相关部门协商框定预算，统一开支。

（6）预算制度应分轻重缓急。

（7）了解供应商各种物品原料的价格，以及价格上涨指数。

（8）了解各部门人员编制情况，从而确定工服预算。

（三）采购系统控制

客用品的采购是客房经营活动首要的物质基础，它直接决定着客房服务工作的质量和酒店的效益。结合实际需要，实行优质采购，批量进货，以确保客用品成本的有效控制。

但在采购管理这一环节中，常常出现不依据量本利的原则，不能合理、有效地确定最佳采购数量、价格、地点、时间等问题，无形中造成了成本核算的流失和浪费。如：一次性用品属用量较大且有储存时限性的物品，确定其合理采购时间和数量就尤为关键。一次购量太大，既积压流动资金，又容易造成物品超期使用，属于花钱又误事的不良行为；若购量太少，虽加强了资金的流动，但这种化整为零的采购方式，在运输保管等采购时所消耗的费用上会出现重复浪费现象，况且这些物品都具有酒店的标志，包装较为独特，在生产制作中又存在着制版问题，频繁地采购和更换厂家，仅在制版包装上，本身就是一个很大的浪费。再如：棉织品的采购，一次购置多大量，特别是床上用品，是采购成品，还是采料自加工，这就存在着成本计算问题。此外，进货质量（包括设备质量），如灯泡、水阀、吸尘器的使用寿命等都决定着成本的高低。

（四）清洁外包与内部清洁对比

表 3-17　清洁外包与内部清洁的比较

客房清洁外包优势	客房清洁外包问题
降低酒店招聘成本 降低福利成本 降低管理成本	质量管理控制难度加大 增加管理费用

四、客房部费用预算公式

（一）客房营业费用

客房营业费用指在经营客房中所发生的直接费用。包括：客房棉织品、客用品、卫生间用品、文具用品、清洁用品及为客人提供的免费服务和各项装饰招待费。

（二）客房消耗品

客房消耗品主要指客房卫生间或房间一次性用品。

（三）客房棉织品

客房棉织品主要指客房供客人使用的床单、枕套、浴袍、浴巾、毛巾、地巾等。客房针棉织品费用计算公式为：

$$客房棉织品一天的费用额 = \frac{\sum（某间客房某种棉织品配备量 \times 单价 \times 客房数量）}{平均使用件数 \times 客房数量 \times 出租率}$$

（四）客房物资消耗定额

客房物资消耗定额是指在一定的出租率情况下，为完成对客人服务所制订的必须消耗的物资量标准。客房部的物品消耗定额应以人或天消耗量来规定定额。

（五）客房物品的储备定额

客房物品的储备定额是指为完成客房服务任务，保证业务经营不间断所必需的最经济合理的物品储备标准。一般计算公式为：

$$物品储备金额 = 经常储备 + 保险储备$$

（六）经常储备

经常储备是指前后两批物品领取的间隔期内为满足业务需要而建立的物品储备，经常储备又称周转储备。其计算公式为：

$$经常储备定额 = 进货间隔天数 \times 平均每天需要量$$

（七）保险储备

保险储备是一种完备性储备，它是为了防止由于各种原因造成的供应脱节而设置的一种储备。其计算公式为：

$$保险储备定额 = 平均每天需求量 \times（进货间隔天数 + 保险天数）$$

（八）季节储备

季节储备主要指由于其他各种原因或节假日造成停发物品等问题，根据生产需要在节假日来临之前提前做出进货要求。季节储备的计算公式为：

季节储备量 = 平均每日用量 × 中断天数

（九）最低库存量

最低库存量是指在任何时候某种物资的库存量不得低于设定的库存量。

（十）采购期库存量

采购期库存量是指从开始制作采购单起至物品收货止，这一期间经营所需物品的用量为采购期库存量，确定采购期库存量主要通过核实前一次的采购单，订购日期和具体收货日期，并且根据各种盘点确定在这一期间内所需采购的物品的实际用量。

（十一）库存安全保险量

库存安全保险量是指客房部经理在制订采购计划时，除考虑采购期的用量以外，还应考虑一些特定的情况和紧急意外情况的可能性。

任务训练

一、任务实训

调研一个酒店客房部经营情况，拟订下一年度客房部经营预算方案。

二、要求组成学习小组，完成课堂讨论

1. 学习小组讨论的规则

在独立思考后，仍有疑惑需要解决，先是一帮一，两人间的讨论，如还有困难，再扩展为4人或5人间的讨论。如遇到较难的问题记录下来，班级讨论。

2. 学习小组讨论的形式

（1）自由发言式　学生可以在小组中自由发言，同学们热烈讨论，各抒己见。

（2）轮流发言式　小组成员围绕一个中心问题挨个发言，一人不漏。

（3）一帮一讨论式　当部分学生在难题面前尽最大努力也不能解决，而教师又无法加以个别指导的时候就可以采用这种讨论方式。

学习单元四

客房业务管理

项目 1　客房清洁管理

学习目标

- 能够按照客房清扫程序完成保洁工作；
- 能够叙述开夜床的必备程序；
- 能够按照清扫酒店客房公共区域的流程完成操作；
- 能够根据会议室清扫原则完成操作。

课程内容

一、客房清扫操作的原则

（一）从上到下

客房清扫应遵循从上到下的原则。例如，用抹布擦拭卫生间的瓷砖时，应该从上到下进行擦拭。

（二）从里到外

从里到外是指清扫客房时要先清扫里面，再清扫外面。比如，在进行吸尘时，应从里到外地进行。

（三）先铺后抹

清扫客房时，应该先铺床，然后抹尘。如果先抹尘，后铺床，铺床后的灰尘又会落在家具上。

（四）环形清理

客房是方方正正的，里面家具的摆放也是沿着四壁环形摆放的。因此，在抹尘时，应该遵循顺时针或逆时针的方向环形清理，以免遗漏。

(五)干湿分开的抹布使用方法

在清扫卫生时,使用的抹布一定要干湿分开。选不同质地和颜色做标记,折叠使用,每天下班前清洁,浸泡消毒,严禁当客人面清洗。比如,在清洁卫生间洗脸盆上的不锈钢水龙头时,要先用清洁剂除污渍,然后用清水洗干净,并用湿布擦干,最后用干布擦亮(表4-1)。

表4-1	干湿分开的抹布用途
干布	客房电器盒卫生间镜子合一块
	口杯、茶杯用消毒干抹布一块
	外部清洁,保持光亮一块
湿布	恭桶(马桶)一块
	淋浴区墙面,洗脸池,台面,客房家具合一块
	卫生间地面和客房地面合一块

二、客房清扫准备工作

(一)备齐供应品

(1)领取工作钥匙,并签名。

(2)准备工作车,按一个班次工作量所需供应品、备品数量布置工作车,按酒店规定布置充足、整齐。

(二)清洁任务

(1)领取工作任务清单。

(2)决定清扫顺序 一般情况下的清扫顺序依次为挂"请即清理"牌房间、VIP房间、住客房、走客房、空房。出租率高峰情况下的清扫顺序可以是走客房、挂"请即清理"牌房间、VIP房间、住客房、空房。

(3)准备清洁用具 检查吸尘器的性能,蓄尘袋是否已倒净,准备房间擦尘及擦抹卫生间的抹布,准备好刷洗卫生间所用的清洁剂、恭桶刷、浴缸刷。

三、清洁客房步骤

（一）进入客房

1. 敲门

轻敲三次，每次三下（一重两轻），每敲门一次按一次门铃，并报"您好！服务员"，每次相隔 2 至 3 秒钟，切忌用拳头或手掌拍门，敲门不能太急促，按门铃注意节奏和适当的间隔，报称时，声量适中清晰，不能垂头或东张西望。

2. 反应

如听到有客人回答，应告诉客人："我是客房服务员，请问我能现在进来为您打扫房间吗？"并等客人开门。如房间无反应须重说一遍，直到客人允许进入才可进房间。

3. 开锁

如没有客人回音或无任何反应，服务员即可用锁匙轻刷门锁，等门锁显示绿灯时再向下轻轻转动把手，同时将锁匙放顺袋内。

4. 开门

转动反手轻推动房门，摊门速度要慢、轻，将门推开至 15 厘米的缝后，再次报称"服务员"，并继续推房门进入房间，巡视房间一遍以确定房间是否有人或有什么特殊情况。

（二）开始作业

1. 关灯、开窗户、关空调

确定客房无客人的情况下，关掉房内所有的灯、空调、电视机、电脑，开窗帘时，窗帘应完全开启，以确保室内空气清新，并注意检查窗帘收拉是否畅顺。

关掉房内所有的灯，以节约能源，并在关灯时检查所有的灯和开关是否能正常运作，将空调关闭前，先将空调调整至规定的温度，检查空调开关使用是否正常，风力是否正常，有无噪声或其他不寻常情况。

2. 收垃圾

将客人使用过的杯具收出，放在吧房待洗，依次将行李柜、梳妆台、床、床头柜、洗手间等各处客人用过弃废的垃圾收出，放入工作车的垃圾袋内。

收垃圾的同时检查有无客人的遗留物品，切忌将客人的遗留物品当垃圾丢弃，遇到分不清该不该丢弃的物品时，应请示当值领班。

收出的垃圾应把有水的倒干净，以免增加垃圾的重量，使垃圾袋烂掉，脏水漏在地毯上。

收出的垃圾应干湿分放好,以便回收利用,客房垃圾桶上套的小垃圾袋如不湿、不脏的情况下只需要将里面的垃圾倒掉而无需更换新垃圾袋,客人用过的牙膏、牙刷、洗发水、沐浴露、润肤油、香皂等应回收分开放好。

3. 做床

（1）拉床垫　屈膝下蹲,用手将床向外拉出至 30~40 厘米位置。

（2）铺床单　调整床垫、将褥垫拉平放正,发现有弄脏的要及时更换。

（3）开单　铺第一层床单时,站在床尾居中位置,将折叠的床单正面朝上,两手分开,用拇指和食指捏住第一层,其余三指托住后三层,将床单朝前方抖开,用力要适当。

（4）甩单　用力甩开床单,在床单下落时,将位置调整,落下后使床单中折线居床垫中间位置,床单前端塞入垫下然后将床单后端塞入垫下,将左侧床尾的床单折45°角,将床单末端塞入床垫下面,再将左侧垂下的床单也塞到床垫下面,依次包好右侧的床单。包角须包平、无褶皱,四角饱满、挺括。

（5）套被套　将被套上部内两角翻出,两手反握住两角与丝绵被顶角,用力甩动、套好,站于床尾处系好被套,被套带不外露。

（6）套枕套　将枕套抖开,开口面平铺于床面,左手指拎着开口处,右手抓住枕芯前端 1/3 处,从开口处送入枕套,直至与枕套两底角吻合,然后将枕芯另外两角塞好。

（7）放置枕头

①标准间将两枕头整齐叠放在床头正中,枕套口向下,四角对齐整平、拍松,枕套短开口一侧背向床头柜。

②大床间枕套短开口互对、背向床头柜,两对枕套交接处相距 5 厘米。

（8）整理　将床缓缓推回原位,与床头板对齐,检查整体是否美观。

（9）注意事项　铺床时不要用手梳理头发,防止头发掉入床单;发现有破损或有污迹的床单要及时更换。

4. 清洁浴室

开亮浴室的灯,打开换气扇。将清洁工具盒放进卫生间;放水冲净坐厕,然后在恭桶中再抽清水;取走用过的毛巾,放入清洁车的布袋中;收走卫生间用过的消耗品,清理纸篓垃圾袋,注意收回皂缸内的香皂头;将烟灰倒入指定的垃圾桶内,烟灰缸上如有污迹,可用海绵块蘸少许清洁剂去除(烟灰缸的清理也可以在清理卧室里的烟灰缸时一并进行)。

清洁脸盆和化妆台(云台)。用百洁布蘸上清洁剂将台面、脸盆清洁,然后用清水刷净，用干布擦干。棉块蘸少许中性清洁剂擦除脸盆不锈钢件的皂垢、水斑，然后用干布擦亮、擦干。

注意将毛巾架、浴巾架、卫生间服务用品的托盘等擦净，并检查是否有故障。

擦干镜面。可在镜面上喷少许玻璃清洁剂，然后用干抹布擦亮。

清洁恭桶。用恭桶刷清洁坐厕内部并用清水冲干净，要特别注意对抽水恭桶的出水孔和入水孔的清刷。用中性清洁剂清洁抽水恭桶水箱、座沿盖子的内外及外侧底座等。用专用的干布将抽水恭桶擦干。浴缸、恭桶的干湿抹布应严格区别使用，禁止用五巾（浴巾、地巾、擦背巾、面巾、小方巾）做抹布。

补充卫生间用品。按照规定的位置摆放好面巾、浴巾和香皂、牙具、浴帽、浴液、洗发液、梳子、卫生纸等日用品，走客房的客用品必须全部更新，为下一位客人提供全新的住宿条件。

把浴帘拉好，一般拉出 1/3 即可。

清洁脸盆下的排水管。从里到外抹净地面。如有必要，可用百洁布和一定比例的清洁剂清刷，用净水冲洗，特别注意对地漏处的清刷。最后擦干地面。

吸尘。为了适应客人日益重视清洁卫生的要求，特别是满足某些挑剔和有洁癖的客人的需要，不少酒店在抹净地板后，还特别用吸尘器对地面进行吸尘，以保证卫生间不留一丝线头、毛发和残渣。

环视卫生间，检查是否有漏项和不符合规范的地方，然后带走所有的清洁工具，将卫生间门半虚掩，关闭浴室灯。

5. 抹尘

关闭窗户，进行抹尘。抹尘顺序按照顺时针或逆时针方向（空净房为例），顺序为门面 – 门框 – 门背面 – 玻璃 – 衣架 – 水壶托盘 – 水壶 – 台面 – 电视机及机顶盒 – 饮料 – 窗户 – 椅子 – 茶几 – 电脑（显示器、键盘、鼠标、鼠标垫、电脑台、电脑椅）– 床头灯 – 床头 – 电话 – 保健品及架子 – 洗手间 – 天花板 – 镜子 – 消耗品托盘 – 水龙头 – 台面 – 马桶冲水 – 排风扇 – 花洒 – 花洒开关 – 浴帘滑杆 – 房间地面及卫生间地面拖地。

凡举手能触及的物件和部件都要抹干净；用药棉和酒精进行电话消毒；检查电视各频道及床控板的功能；用干抹布抹拭贴近墙面的床头板、镜子、踢脚板等物件；抹尘过程中默记需补充的物品。

6. 吸尘

（1）按照从里向外，从左到右顺时针方向吸尘一遍。

（2）用吸尘器吸净房间内及洗手间大理石上的灰尘和毛发。

（3）检查空调是否调至合适温度（冬天20℃，夏天23℃）。

（4）检查其他设施设备是否完好、工作正常。

（5）检查床柜底是否有杂物。

（6）拉上窗帘，检查是否美观整齐。

（7）在房间及卫生间内喷洒空气清新剂。

7. 核查

按从衣柜为起点，卫生间为终点的巡查方式依次检查。

四、开夜床及保洁

（1）更换已用过的餐具或饮具。

（2）报纸、杂志码放整齐。

（3）电视机柜已打开，遥控器放置床头柜方便取用的位置。

（4）电视节目单齐全有效。

（5）应宾客要求更换用过的毛巾。

（6）清洁和更换卫生间的水杯。

（7）补足浴室内的用具。

（8）将宾客的个人浴室用品摆放整齐。

（9）清洁卫生间的各项设施，无毛发、无污迹。

（10）提供冰桶并配冰夹（部分高档酒店执行）。

五、前台区域保洁要求

（一）入口处保洁要求

白天对玻璃门窗、门框、指示牌等处的指印和污渍进行擦抹，尤其是大门的玻璃应始终保持一尘不染。夜间对门口的标牌、墙面、门窗及台阶进行全面清洁、擦洗，对大门口的庭院进行清扫冲洗等。

（二）大堂保洁地面清洁要求

大堂是酒店客人来往最多的地方，大堂的清洁卫生工作会给客人留下作用重大的第一印象。大厅的大理石地面，在客人活动频繁的白天，需不断地进行推尘工作。遇到雨雪天，要在门中放上存伞架，并在大门内外铺上踏垫和小地毯,同时在入口处不停地擦洗地面的泥尘和水迹。每天夜间 12 点以后打薄蜡一次,并用磨光机磨光,使之光亮如镜。大厅内有地毯处每天要吸尘 3~4 次,每周清洗一次。大堂地面清洁要仔细,不能有任何遗漏点。拖擦过程中应及时取下清洁工具上的灰尘杂物。操作过程应尽量避开客人或客人聚集区。打蜡或水迹未干区应有标示牌,以防客人滑倒。

(三)前台保洁要求

(1)总台大理石台面干净无尘,内台物品摆放整齐,烟灰缸干净无污迹,电话机、电话线需每天清洁不能有污渍。

(2)抽屉物品摆放整齐,抽屉内无灰尘、无异物、无私人物品,且抽屉锁道要干净。

(3)台面边缘及内侧都要保持干净无灰尘。

(4)垃圾桶勤换垃圾袋,保证桶干净、无异味、无垃圾溢出现象。

(5)总台墙面背景要保持干净,无灰尘。

(6)总台的地毯每天要进行吸尘,保证无纸屑、垃圾。

(7)总台制卡机、电脑显示屏、主机及电线插板要每天用干抹布进行清理,无灰尘。

(四)走廊和楼梯间保洁要求

(1)楼道卫生要做到地面清洁,无污迹、痰迹,无积存杂物,楼梯扶手及侧面要擦洗干净无污点。

(2)严禁在楼道、楼梯堆放杂物,应保持楼道畅通。

(3)楼道配置安全设施。每层楼梯口、楼道配备照明灯,由专人负责管理,保证正常照明;配齐防火设备、器材;各楼梯醒目处设置上下楼梯注意安全的警示性标语;相关人员定期对楼梯各项设施进行安全检查。

(4)上下楼梯要做到礼让、右行,严禁推拉拥挤,防止造成楼道交通阻塞或踩踏事故。

(五)电梯保洁要求

大堂扶梯、电梯的清洁保养多在夜间进行,白天只做简单清洁维护。主要清洁工作是擦亮扶梯扶手挡杆玻璃护挡,清洁轿厢、更换清洗星期地毯,使扶梯、电梯内外、上下、四周均无灰尘、无指印、无污迹。

（六）公共卫生间保洁要求

公共洗手间是客人最挑剔的地方之一，必须保证公共洗手间清洁卫生、设备完好，用品齐全。

1. 公共洗手间的日常清洁服务

（1）及时做好洗手间的消毒工作，使之干净无异味。

（2）按序擦净面盆、水龙头、台面、镜面，并擦亮所有金属镀件。

（3）将卫生间的香水、香皂、小方巾、鲜花等摆放整齐，并及时补充更换。

（4）拖净地面，擦拭门、窗、隔挡及瓷砖墙面；配备好卷筒纸、卫生袋、香皂、衣刷等用品。

（5）检查皂液器、自动烘用器等设备的完好状况。

（6）热情向客人微笑问好、为客人拉门、递送小毛巾等。

2. 公共洗手间的全面清洗

洗刷地面及地面打蜡、清除水箱水垢、洗刷墙壁等。为不影响客人使用洗手间，该工作常在夜间进行。

（七）游泳池保洁要求

1. 岗前准备工作

（1）上岗前应先做自我检查，做到仪容仪表端庄整洁、符合酒店要求。

（2）将各种用具准备齐全，保证各种设备完好有效，室内整洁干净。

（3）精神饱满地做好迎客准备。

2. 清洁、消毒

清洁游泳池及水底吸尘。

对池水进行水质化验，并根据化验结果适量投药达到净化标准，标准是pH6.5~8.5，含氧0.6mg/L左右，室内游泳池水温控制在28℃左右。

冲洗、刷净泳池脚水池，放满水并适量加药，使其达到卫生标准。

清洁水池周围的环境和设施，冲洗地面，擦净门窗，整理绿植，并用高效消毒剂（片）溶液消毒和揩抹客用的躺椅、桌子和茶几等设施和用具。

清洁更衣室和淋浴室，擦净地面和四壁，揩净更衣箱、洁具、喷淋器、镜面、手盆、台面和椅子，并进行常规消毒，补齐手纸、皂液等各种客用必需品。

营业期间做好循环放水工作，视水质情况定期换水，经常检验池水清洁度，除去水中浮物和沉淀物，及时冲洗地面，更换和消毒脚水池。

（八）健身房保洁要求

（1）负责所管地区的地板、墙壁、门、灯具、镜子、家具、更衣柜、设备及设施的清洁工作，每班清扫一次。

（2）随时查看水龙头及喷淋浴头是否关紧。

（3）保持地面的干燥，随时擦去地面上的积水，负责检查、维持所属地区的一切设备、设施，尤其在客人使用高峰时间，使其始终保持良好的状态，发现任何异常，立即通知有关部门。

（4）坚守工作岗位，及时处理随时发生的情况。

（5）提醒客人注意安全，防止发生有碍安全的情况。

（6）同客人保持良好关系，听取客人抱怨建议，并及时上报。

（7）捡拾到客人丢失物品，尽快交还给客人，无法归还的，应立即送交管家部失物招领处。

（九）水疗区域保洁要求（表4-2）

表4-2　水疗区域保洁要求

前台	玻璃面洁净、无污印 办公用品、预约登记本、记录本摆放整齐 预约登记本及其他记录本本面整洁、无破损 电话保持洁净、听筒无异味
门	开启正常，无异响 玻璃保持洁净、无污印，门上油漆无脱色或破损 门面、门框、门把无灰尘、污印
地板	无水迹、灰尘、污印，无杂物 边角无积尘
接待桌、椅	玻璃面洁净、无污印，桌面花瓶洁净、无破损，桌面无杂物、产品资料收放整齐，椅面整洁无污渍
展柜	柜玻璃保持洁净、无污印 展柜内无积尘，展品陈列美观、整齐、有序
鞋柜	拖鞋按要求摆放整齐 拖鞋按要求做到一人一换 换下脏拖鞋放在鞋篮内不得超过10双 顾客鞋按要求放在鞋柜内 鞋柜保持洁净、无异味

续表

配料室	物品摆放整齐、有序 盘、碟、刷、配料刀干净，无污渍、水渍 配料柜面保持洁净、无积灰
地毯	平整疏松、无褶皱、无破损、无污渍 地板（毯）及床底无杂物 边角外无积尘
床、凳	床罩、凳罩、床单、床头巾等平整、清洁，无污渍和异味 床罩、凳罩无破损 床上无头发等杂物 丝绵上无污渍、无异味，摆放整齐
墙壁画（花）	牢固 内装裱无污渍、灰尘 画框、画顶无灰尘 挂花无灰尘、破损
用具	小推车推动灵活 推车支架稳固、无松支 小车面洁净 毛巾洁净、无污渍 喷雾仪推动灵活 仪器水罐内无水垢 喷雾瓶喷雾正常、无漏水现象 换下的包头巾、床单、浴巾按要求放进储物篮
窗	窗纱、窗帘挂钩按规定排列，拉动顺畅 窗纱、窗帘无脱钩现象，如有应及时补挂 窗纱无漏光现象，无污渍 无灰尘、污渍 窗纱、窗帘覆盖处地面（毯）无杂物或污渍 窗拉动顺畅
空调	空调无噪声 隔尘网无积尘 百叶门无积尘 风挡转动灵活 温度调节正常
衣柜	放衣架洁净、无积尘 柜门开启正常 挂衣架无积尘 衣柜内洁净、无积尘、无杂物、无异味 衣柜钥匙配挂无遗失

续表

更衣镜	更衣镜清洁明亮、镜顶无积尘、污印 梳妆台电吹、梳子摆放整齐 梳子洁净无污垢、发丝
顾客服	顾客服按要求叠放整齐 顾客服洁净、无污渍、无异味 顾客服无破损
浴室	排风机开启、运转正常，无噪声 卷纸架牢固无灰尘 卷纸干净、无水渍 冲水开关灵活 墙壁无污渍 便池无污物、污渍 垃圾桶内污物不超过桶容积 2/3 室内地面洁净、无污渍、水渍
洗手台	台面、瓷盘无污垢，水龙头光洁明亮 水龙头开关无松动、开启正常 台面保持清洁、力求无水渍
灯具	灯开关正常 灯具洁净、无积尘
垃圾箱	垃圾箱口处不得挂有垃圾、沾有污垢 垃圾箱周围墙面干净无污渍 保持地面洁净、空气清新无异味
休息室	地面整洁、无污渍、水渍、积尘、杂物 碗、杯具按要求摆放在支架上 桌面保持干净、无杂物、垃圾等 椅子摆放整齐 书、报、杂志看后归位 衣服收放在衣柜内 鞋摆放在鞋架上 美容服和鞋子不得在室内清洗、晾晒 卫生间保持干净、卫生、无异味 垃圾桶污物要勤换

六、会议室及行政区域保洁标准

(一) 会议室保洁标准 (表4-3)

表4-3	会议室保洁标准
地毯	表面无杂物 表面无口香糖
茶几	表面无灰尘 玻璃无指纹、污渍
茶杯	表面无茶渍、污渍 茶杯表面无指纹、水渍
烟缸	烟缸无烟头、污渍
投影仪	机身表面无灰尘
投影布	投影布轴表面无灰尘
备品柜	表面无灰尘 抽屉内无灰尘,物品摆放整齐
饮水机	表面无灰尘、水渍 接水盒无积水 机芯内无水垢 消毒室内无灰尘、污渍
沙发	表面无灰尘、污渍 沙发缝内无杂物、碎屑
门	表面无灰尘、污渍
墙壁、踢脚线	无灰尘 墙角无网状物,壁画无灰尘
玻璃	表面无灰尘、无指纹 无水渍
百叶窗	悬挂整齐有序 表面无灰尘
空调	表面无灰尘 过滤网无灰尘 叶片无灰尘 遥控器无灰尘、污渍、油渍
中央空调	空调口无灰尘
排风	排风口叶片无灰尘
电话机	表面无灰尘、污渍、油渍 听筒、电话线无污渍、油渍

（二）行政办公室保洁标准

表4-4　　　　　　　行政办公室保洁标准

项目	标准
地面	扫净：无纸屑、果皮、碎末等废弃物 拖净：无水渍、油渍、污渍
台面、沙发（椅）	无灰尘，桌面物体保持干净、摆放整齐
卫生间	随时保持地面干燥、便池干净无污渍，洗手盆洁白明净镜子光亮明净、无污尘、无水渍；早晚各一次
标语、指示牌、装饰物、插座	确保无灰尘、无污渍（一周）
门窗墙面	无灰尘、蛛网、污渍（一周）
花、草	无灰尘、定时浇水、保证花草茂盛，无干枯（一周）
烟灰缸、垃圾篓	需每日清理干净，更换新垃圾袋（每日）

（三）员工区域

员工食堂、浴室、更衣室、服务通道、员工公寓、娱乐室的卫生状况对员工的思想和精神、对酒店服务质量有重要的影响。后台区域的清洁卫生工作有：做好员工食堂、浴室、更衣室的日常消毒、清洁维护；对员工公寓、娱乐室等进行定期清扫等；搞好员工通道等的清洁保养，为全店员工创造良好的生活、工作环境。

任务训练

一、任务实训

请按照酒店客房清扫程序连续完成8间客房实际操作，测定完成单间工作量的平均时间。

二、要求组成学习小组，完成课堂讨论

1. 学习小组讨论的规则

在独立思考后，仍有疑惑需要解决，先是一帮一，两人间的讨论，如还有困难，再扩展为4人或5人间的讨论。如遇到较难的问题记录下来，班级讨论。

2. 学习小组讨论的形式

（1）自由发言式　学生可以在小组中自由发言，同学们热烈讨论，各抒己见。

（2）轮流发言式　小组成员围绕一个中心问题挨个发言，一人不漏。

（3）一帮一讨论式　当部分学生在难题面前尽最大努力也不能解决，而教师又无法加以个别指导的时候就可以采用这种讨论方式。

项目 2　客房专业管理技术规范

学习目标

- 能够概括说明查房程序专业标准；
- 能够准确说明酒店布草的种类选料与配置标准；
- 能够举例说明酒店布草的可再利用方法；
- 能够正确说明客房病菌病毒常识；
- 能够正确编制客房消毒杀菌卫生规范。

课程内容

一、查房专业规范

查房就是对客房状态进行检查，包括卫生、设备状况等。

（一）查房技术标准

（1）按顺时针或逆时针顺序检查，以免遗漏。
（2）房务内所有家具清洁，无浮尘，设备设施运转正常。
（3）物品配备齐全，摆放规范，完好无损。
（4）床铺整洁、美观。
（5）房内空气清新，无异味。

（二）查房程序标准

1. 检查房间

按进房程序打开房门，插入取电牌。
（1）房门是否完好，无响声，门锁灵活自如，房间清洁明亮。
（2）按顺序打开所有电器、电灯开关，检查是否完好。
（3）壁橱外侧清洁，橱门开关自如，橱内物品配备齐全，摆放符合规格。
（4）吧台、茶具应清洁、无渍。物品配备齐全，摆放符合规格。
（5）小冰箱是否清洁，饮料、洋酒配备是否齐全，且无灰尘。

（6）行李柜是否内外清洁、无尘、无划痕。

（7）写字台是否清洁，抽屉开关自如，服务夹内物品配备齐全，符合规格。

（8）梳妆凳是否清洁。

（9）电视机频道是否调准。

（10）垃圾桶内外清洁，垃圾袋是否更换。

（11）窗帘绳是否活动自如。

（12）茶几、沙发是否清洁，摆放符合规格。

（13）床铺是否平整，符合标准。

（14）音响柜上的物品摆放是否符合要求，电话机清洁，使用正常。

（15）房内镜面是否清洁、明亮、无污迹。

（16）房内所有金属器件是否清洁、净亮。

（17）房内所有外露护墙板、墙纸是否清洁、无渍、无灰尘。

（18）空调是否使用正常。

（19）房内地毯是否清洁、无斑迹、无杂物。

2. 检查卫生间

（1）卫生间清洁完好。

（2）面盆、台面是否清洁，物品配备齐全，且按规格摆放。

（3）恭桶里外是否清洁，使用正常。

（4）浴缸、皂缸、瓷壁是否清洁、无水迹、无毛发。

（5）棉织品配备是否齐全，且按规格摆放。

（6）浴帘是否清洁无渍。

（7）所有金属部件是否洁亮、无水迹。

（8）垃圾桶里外是否清洁，垃圾袋是否更换。

（9）卫生间地面是否清洁、无毛发。

3. 将检查中发现的问题，记录在检查单上。

4. 取出钥匙牌，环视客厅、卫生间，关好房门。

（三）客房计划卫生清洁规范

表4-5　　　　　　　　客房计划卫生清洁规范

日期	清洁项目	标准
星期一	1. 卫生间墙面、玻璃门 2. 卫生间地面 3. 防滑垫刷洗	地面、墙面、玻璃门无毛发、无污渍，边角无黑渍，五金洁具光亮、无尘、无水渍

续表

日期	清洁项目	标准
星期二	1. 清理面盆上方镜面 2. 清理面盆出水口 3. 五金洁具的除沙处理	注意镜边的清洁，镜面需光亮无水渍、面盆内外壁及边无水迹、污迹，出水口无黄锈及毛发，不锈钢件需保持光亮无水渍
星期三	1. 房间窗边、窗轨清洁 2. 电话机、遥控器消毒清理	房间天花板边角干净无尘、无蜘蛛网，窗轨轨道干净无尘
星期四	1. 地脚线 2. 床头、床头柜、桌面、电视机、灯具、开关等	客房大小配置细打扫
星期五	家具去污打蜡（包括卫生间的物品盒）	客房里大小物件、床头、桌面、电视机、窗、地面
星期六	窗台沙发边缝吸尘，地毯边角刷毛	注意家具底、窗帘底的边角位置卫生和沙发边缝内的杂物
星期日	1. 马桶、水箱细致卫生 2. 淋浴盒清理	水箱内无锈渍、无沙粒。马桶边角、螺丝、淋浴盒卫生干净无污渍
备注	1. 每天通道吸尘清理 2. 每日工作车整理、布草的统计 3. 每日地漏毛发的清理 4. 每日对房间配备的消耗品及时补齐、做好详细的记录	

二、酒店常用清洁剂专业规范

在做计划卫生工作时，使用合适的清洁剂不仅省时、省力，提高工作效率，而且对延长被清洁物使用寿命很有益处，但清洁剂和被清洁物都有较复杂的化学成分和性能，若清洁剂使用不当不仅达不到预期效果，相反会损伤被清洁物品，因此，选择合适的清洁剂对酒店来说是非常重要的。

（一）酒店常用的清洁剂种类

1. 酸性清洁剂

盐酸溶液主要用于清除基建时留下的污垢，如水泥、石灰等斑垢，效果明显。

硫酸溶液能与尿碱起中和反应，可用于卫生间恭桶的清洁，但不能常用且必须少量。

草酸溶液用途与盐酸、硫酸钠相同，只是清洁效果更强于硫酸钠，使用时要特别注意。

以上三种酸性清洁剂都可少量配备，用于清除顽固尘垢。但使用前必须加以稀释，且不可将浓缩液直接倒在被清洁物表面。

马桶清洁剂呈酸性，但含合成抗酸剂，以增加安全系数，有特殊的洗涤除臭和杀菌功效，主要用于清洁卫生间马桶、男用便器、洗手盆等用具。使用时应先按说明书稀释，且注意必须倒在恭桶和便池内清水中，不能直接倒在被清洁物表面。

消毒剂主要是呈酸性，可作为卫生间的消毒剂，又可用于消毒杯具，但一定要用水漂净，"84"消毒液即为较好的一种。

2. 中性清洁剂

多功能清洁剂洗地毯剂是一种专门用于洗涤地毯的中性清洁剂。因含泡沫稳定剂的量有区别，可分为高泡和低泡两种形式，低泡一般用于抽洗地毯。高泡用于干洗地毯，若用低泡洗地毯剂宜用温水稀释，去污效果更好。

3. 碱性清洁剂

（1）玻璃清洁剂　玻璃清洁剂有桶装和高压喷罐装两种，桶装玻璃清洁剂类似多功能清洁剂，主要功能是除污斑；使用时需装在喷壶内对准污渍喷一下，然后用干布擦拭即光亮如新，后一种内含挥发性溶剂，芳香剂等，可去除油垢，用后留有芳香味，且会在玻璃表面留下透明保护膜，更方便以后的清洁工作，省时省力效果好，但价格较高。

（2）家具蜡　在每天的客房清扫中，服务员只是用湿布对家具进行除尘，家具表面的油污等不能除去，对此，可定期用稀释的多功能清洁剂进行彻底除垢，但长期使用会使家具表面失去光泽，还应定期使用家具蜡。家具蜡形态有乳液、喷雾型、液体状等几种，它具有清洁和上光双重功能，既可去除家具表面动物性和植物性油污，又可形成透明保护膜，具有防静电、防霉的作用。使用方法是将适量家具蜡倒在干抹布或家具表面上，擦拭一遍，其作用是清洁家具，15分钟后再用同样方法擦拭一遍，这一遍是上光。

（3）起蜡水　用于需要再次打蜡的大理石木质地面，起蜡水碱性强，可将陈蜡及脏垢浮起而达到去蜡功效。使用时应注意需反复漂清地面后才能再次上蜡。

4. 上光剂

（1）擦铜水　擦铜水呈糊状，主要原理是氧化掉铜表面的铜锈而达到清洁光亮铜制品的目的，应注意的是只能用于纯铜制品，不能用于镀铜制品，否则会将镀层氧化掉。

（2）金属上光剂　含轻微磨蚀剂、脂肪酸、溶剂和水。主要用于铜制品和金属制品的清洁，如水龙头、卷纸架、浴帘杆、毛巾架、锁把、扶手等，可起到除锈、去污、上光的作用。金属上光剂只限于纯金属制品使用。

（3）地面蜡　地面蜡有封蜡和面蜡之分。封蜡主要用于第一层底蜡，内含填充物，可堵塞地面表层的细孔，起光滑作用，面蜡主要是打磨上光，增加地面光洁度和反光强度，使地面更为美观。蜡有水基和油基两种。水基蜡一般用于大理石地面，其主要成分是高分子聚合物，干燥会形成一层薄薄保护膜；油基蜡主要成分是矿物石蜡，常用于木质地面，蜡的形态有固体、膏体、液体三种，比较常用的是膏状、液体这两种地面蜡。

5. 溶剂类

溶剂为挥发性液体，主要用于去除怕水的被清洁物上的污渍。

（1）地毯除渍剂　专门用于清除地毯上的特殊斑渍，对羊毛地毯尤为合适，地毯除渍剂种类很多，有清除果汁色斑的，有清除油脂类脏斑的，还有清除口香糖的。但地毯上有脏斑应及时擦除，否则除渍效果不明显。

（2）牵尘剂（静电水）　用于浸泡尘推，对免水拖地面如大理石、木板地面进行日常清洁和维护，达到清洁保养地面的效果。

（3）杀虫剂　这里指喷罐装高效杀虫剂，由服务员使用，对房间喷射后密闭片刻，可杀死蚊、蝇和蟑螂等爬虫和飞虫。对老鼠则应购买专门的灭鼠药或请专业公司进行处理。

（4）酒精　适用于电话消毒等清洁项目。

（5）空气清新剂　空气清新剂品种很多，产品质量的差距很大，辨别质量优劣的最简单的方法就是看留香时间的长短，留香时间长则质量较好，空气清新剂具有杀菌、去异味、芳香空气的作用。

（二）清洁剂的使用

为了有效地使用清洁剂，充分发挥其效能，减少浪费，提高清洁保养工作的安全性，有必要对酒店常用清洁剂进行严格的管理与控制，在使用过程中应注意的事项如下。

（1）一般清洁剂皆为浓缩液，使用前必须严格按照使用说明进行稀释，配水比例适中。浓度高，既浪费清洁剂，又对被清洁物有一定的损伤作用；浓度过淡，则达不到清洁效果，不能符合星级酒店的卫生要求，影响酒店服务质量。

（2）不能使用粉状清洁剂。因粉状清洁剂对被清洁物表面尤其是卫生洁具表面有一种摩擦作用会损伤物体的表层。同时，粉状清洁剂在溶解过程中易于沉淀，往往也难以达到最佳的清洁效果。

（3）应根据被清洁物不同的化学性质、用途及卫生要求选择合适的清洁剂，达到酒店清洁保养的要求。

（4）清洁剂在首次使用前应先在小范围内进行试用，效果良好的才可以在大范围内推广使用。

（5）应做好清洁剂的分配控制工作，减少不必要的浪费。

（6）高压罐装清洁剂、挥发溶剂清洁剂以及强酸清洁剂在使用中都应注意安全问题。前者属易燃易爆物品，后者对人体肌肤易造成伤害，服务员应在日常工作中掌握正确的使用方法，使用相应的防护工具，禁止在工作区域吸烟等。

（7）任何清洁剂一次使用过多都会对被清洁物产生不同程度的副作用，甚至是损伤，因此，不能养成平日不清洁，万不得已时再用大量的清洁剂清洗的坏习惯。这种方法既费时、费力、效果也不好，也不要指望好的清洁剂对任何陈年脏垢都非常有用。

（8）酒店应根据各自的状况选择合适的清洁剂。

三、客房消毒杀菌专业规范

（一）客房微生物病菌常识

1. 霉菌

霉菌是一种多细胞真菌微生物，通过种子与孢子繁殖生长。霉菌及霉菌孢子广泛存在于自然界，如土壤、草、饲料、谷物原粮、养殖环境、动物体表等。霉菌孢子还可以随风或灰尘飘散到各处，在适宜的环境中可大量繁殖，引起污染传播。

2. 病毒和人类的关系

病毒与人的关系是寄生与被寄生的关系。病毒是一类个体微小，无完整细胞结构，含单一核酸（DNA或RNA），必须在活细胞内寄生并复制的非细胞型微生物。病毒能增殖、遗传和演化，因而具有生命最基本的特征，但至今对它还没有公认的定义。病毒分类如表4-6。

表4-6　病毒的分类、危害及益处

病毒种类	病毒对人类危害	病毒对人类有利方面
昆虫病毒 动物病毒 亚病毒 （卫星病毒、拟病毒、朊病毒）	病毒使人和其他生物患病并危及其健康。例如：人类的天花、病毒性肝炎、脊髓灰质炎、流感等，动物的口蹄疫、狂犬病等，以及植物的烟草花叶病、马铃薯退化病等 由病毒引起的疾病：乙型肝炎；病毒性感冒；禽流感；艾滋病；腮腺炎病毒；麻疹病毒；狂犬病；脊髓灰质炎；埃博拉出血热；西尼罗河病毒出血症	1. 噬菌体可以作为防治某些疾病的特效药，例如烧伤病人在患处涂抹绿脓杆菌噬菌体稀释液 2. 在细胞工程中，某些病毒可以作为细胞融合的助融剂，例如仙台病毒 3. 在基因工程中，病毒可以作为目的基因的载体，使之被拼接在目标细胞的染色体上 4. 在专一的细菌培养基中添加的病毒可以除杂 5. 病毒可以作为精确制导药物的载体 6. 病毒可以作为特效杀虫剂 7. 病毒还在生物圈的物质循环和能量交流中起到关键作用 8. 病毒疫苗对人类发挥预防病毒的作用，并促进了人类的进化，人类从病毒中得到了很多基因

（二）客房消毒管理规范

1. 客房消毒制度

（1）客房服务员在清扫房间时必须工具配齐，抹布要两湿一干。用于卫生间座便和地面的抹布要和房间的抹布分开放（表4-7）。浴盆刷和座便刷要分开放。配备消毒粉，刷卫生间时必须佩戴手套。

表4-7　各种抹布的用途

抹布	白色抹布	面盆清洁
	绿色抹布	马桶清洁
	花色抹布	房间抹尘
	蓝色抹布	浴缸清洁

续表

白色大浴巾	浴缸清洁（用于擦干水迹）
白色百洁布	浴缸清洁
绿色百洁布	面盆清洁
恭桶刷	马桶清洁
注意事项	所有清洁工具分别存放，避免交叉污染。

（2）服务员清扫房间时必须将三种杯具撤回工作间进行消毒，换成已消毒的杯具，严禁在客房内对杯具进行消毒。

（3）每天将撤出的杯具进行集中洗刷消毒。消毒过程严格遵循酒店规定的消毒程序，一般遵循"一冲、二洗、三消毒"的步骤。

（4）各楼层服务员必须每天记录消毒情况，写明消毒时间、数量、种类、消毒人，当值领班督查。

（5）杯具消毒后取出放于柜内，用消毒过的干净布巾覆盖，防止二次污染。

（6）客房服务员对结账房间进行严格消毒，严禁私自省略消毒过程。

2. 客房卫生消毒方法

消毒是指消除或杀灭外界环境中的病原体，是切断传播途径的重要措施。消毒方法主要有物理消毒和化学消毒（高蒸汽消毒、红外线消毒、84消毒液、消毒粉、草酸、漂白片精）。

3. 消毒程序

一冲、二洗、三消毒、四冲洗、五保洁。

4. 电话消毒

每天必须用电话消毒水消毒。

5. 房间内水源和二次供水蓄水池消毒

必须符合《生活饮用水卫生标准》，必须符合输水管材卫生要求，做到定期清洗消毒。

（三）客房消毒程序及方法

1. 卧室的消毒方法

（1）通风和日照法　利用阳光的紫外线作用，进行室外阳光消毒；让阳光透过门、窗射到地面，杀死病菌；开窗、开房门，让房内空气对流，改善空气。

（2）擦拭消毒法　服务员清扫完客房后，可定期用化学消毒溶液擦拭客房家具设备，例如，用10%浓度的碳酸水溶液或2%浓度的来苏水溶液擦拭房间家具设备；消毒完毕，紧闭门窗约2小时，然后进行通风，即可达到消毒目的。

（3）喷洒消毒法　为避免对人体肌肤的损伤，可采用喷洒的方法进行消毒。例如用浓度1%~5%的漂白粉澄清液对房间死角进行消毒，或用消毒剂进行喷洒，能迅速杀死乙肝、甲肝等病毒。

2. 房间空气消毒

房间打扫完毕后，从里向外将诗乐氏消毒剂朝空中上方均匀喷洒。

3. 浴室的消毒方法

（1）擦拭消毒法　用浓度为2%~3%的来苏水或"84"消毒液擦拭卫生洁具。消毒完毕，紧闭门窗2小时，然后进行通风；在日常工作中用含消毒功能的清洁剂擦洗卫生洁具，用清水冲净，然后用干净的专用抹布擦干，也可达到消毒目的。

（2）喷洒消毒法　用浓度1%~5%的漂白粉澄清液对卫生间进行喷洒消毒，但禁止漂白粉与酸性清洁剂同时使用，以免发生氯气中毒。

（3）灯照消毒法　一般在卫生间内安装30瓦紫外线灯管一支，距离地面2.5米左右，每次照射2小时，可使空气中微生物减少50%~70%，甚至可以达到90%以上。

（4）"84"消毒液使用方法　先用清水将其表面大面污物清除，使其表面光洁；再将1:200的"84"消毒液喷于表面，静置5分钟；再用专用刷（面盆刷、马桶刷）刷洗；最后用水冲净、擦干。

（5）注意事项　洁具清洗完毕后，擦干水迹，将杰雪消毒剂均匀喷洒在洁具内侧；和客人身体相接触的部位一定要做到消毒，如马桶垫圈等。

4. 杯具的消毒方法

（1）高温消毒法

① 将洗涤干净的杯具放置在100℃的沸水中，进行煮沸消毒。时间15~30分钟。

② 将洗涤干净的杯具放置在蒸汽箱中，进行蒸汽消毒，时间为15~20分钟。

（2）干热消毒法　主要是通过氯化碳破坏细胞原生质，致使微生物死亡的消毒法。操作程序是将洗干净的杯具放入消毒柜中，将温度调至120℃，时间约为15~30分钟。

（3）浸泡消毒法　使用浸泡方法消毒，必须把化学消毒剂溶解，同时严格按比例进行配制，才能发挥效用。具体方法：将杯具用洗涤剂洗刷干净后，放入消毒溶液中浸泡5分钟，再用清水冲洗干净并沥干或擦干即可。擦拭时，应注意使用干净的并经过消毒的杯布，服务人员的双手不能碰到杯子。

（4）"84"消毒液使用方法　将"84"消毒液按1∶200比例配比；把已除渣、清洗干净的茶杯，浸入配比液中30分钟；用水冲洗干净消毒液，擦干；再放入消毒柜消毒30分钟；消毒柜每三天大清洁一次。

（5）房间杯具消毒注意事项　每天每间房的脏杯具送与消毒间清洁消毒；每层楼配有杯具车，每天下午由专人负责将从房间内撤出的脏杯具送至消毒间，次日早晨送返各个楼层。

任务训练

一、任务实训

根据调研对象酒店客房状况，编制一份客房消毒杀菌卫生管理规范。

二、要求组成学习小组，完成课堂讨论

1. 学习小组讨论的规则

在独立思考后，仍有疑惑需要解决，先是一帮一，两人间的讨论，如还有困难，再扩展为4人或5人间的讨论。如遇到较难的问题记录下来，班级讨论。

2. 学习小组讨论的形式

（1）自由发言式　学生可以在小组中自由发言，同学们热烈讨论，各抒己见。

（2）轮流发言式　小组成员围绕一个中心问题挨个发言，一人不漏。

（3）一帮一讨论式　当部分学生在难题面前尽最大努力也不能解决，而教师又无法加以个别指导的时候就可以采用这种讨论方式。

项目 3　客房固定建筑设施设备专业规范

学习目标

- 能够概括说明酒店天花板选材与隔音处理方法；
- 能够简要叙述墙面隔音建装方法；
- 能够准确叙述酒店客房家具配置标准；
- 能够正确说明客房床具的选用规范；
- 能够掌握酒店地面选择的材料清洁维护方法。

课程内容

一、客房天花板选择规范

严格执行国家颁布的《酒店内部装修设计防火规范》中的各项规定，这是酒店装修设计及其相关室内空间装修设计中的基本准则。根据防火要求一定要在室内装修设计中维护室内已有的防火设计及安全疏散人流的各种通道安全。装修中对于天花板材质的防火性选择关系重大，传统的木质天花板以及 PVC 板安全性不高，容易着火；金属天花板不耐高温易导热，于天花板电线多而杂的环境中不适合使用，容易漏电引起火灾。

高分子天花板属于高强度玻璃纤维增强的复合材料，属于热固性的材料。材料经过特殊的配方处理和高温高压工艺制作而成的天花板，能耐 227℃的高温，具有阻燃甚至不燃的效果，具有出色的防火性能，这在一定程度上减少了居住安全隐患的发生，保证居室环境的安全。高分子天花板完全不同于 PVC 板，其强度远远大于 PVC 板，而且可以做到 B 级（难燃）和 A 级（不燃）2 种等级。在火灾过程中既不会助燃也不会产生大量的烟气，而 PVC 板一般是属于易燃的材料，而且燃烧的过程中会有大量的浓烟并且具有较高烟毒性。

基于酒店设计标准，客房楼板至顶棚的撞击缓冲等级为 55，一般地毯都能达到此要求。但有的酒店客房玄关位置以石材做地板，如果以硬鞋跟直接踏上，即使加厚楼板，也不能防止撞击噪声传到楼下，要控制及减少撞击噪声的方法是加上 10mm 厚的软垫物于石材下作避震处理。

选用具有吸音效果的天花板也是客房减噪音的重要手段，常用吸音板的种类及特点如表 4-8。

表 4-8	吸音板的种类及特点
种类	特点
木质吸音板	是根据声学原理精致加工而成，由饰面、芯材和吸音薄毡组成。木质吸音板分槽木吸音板、孔木吸音板两种
矿棉吸音板	表面处理形式丰富，板材有较强的装饰效果。表面经过处理的滚花型矿棉板，俗称"毛毛虫"，表面布满深浅、形状、孔径各不相同的孔洞
聚酯纤维吸音板	具有保温、防火性能好、防潮、防霉变、易除尘、易切割、可拼花、施工简便、稳定性好、抗冲击能力好、独立性好、性价比高等优点，有丰富多彩的颜色可供选择，可满足不同风格和层次的装饰需求。 聚酯纤维吸音板和其他多孔材料的吸音特性类似，吸音系数随频率的提高而增加，高频的吸音系数很大，其后背留空腔以及用它构成的空间吸音体可大大提高材料的吸音性能。降噪系数大致在 0.8~1.10，成为宽频带的高效吸音体。常用于音乐厅、影剧院、录音室、演播厅、监听室、会议室、体育馆、展览馆、歌舞厅、KTV 包房、家庭影视厅工厂、静音室、法庭、报告厅、审讯室等声学场所和噪声超标准的厂房以及大型公共建筑的吸声墙板、天花吊顶板

二、酒店墙面建筑与装修规范

（一）墙面隔音

隔音最直接的方法就是利用质密的材料将声音隔绝于某个空间，墙壁越厚材质越硬隔音性能就越好（如混凝土剪力墙），相反如果材质疏松墙壁很薄，隔音性能就差，因为单位面积质量大，声波入射时只能激发起此隔层的微小振动，使对另一空间辐射的声波能量（透射声能）很小，所以隔声量大，隔声效果好。

但在建筑工程中，为了减轻建筑结构的承载，满足区域各种使用功能需要，通常进行建筑结构的施工后才进行隔墙施工，隔墙一般都是轻体墙，如加气混凝土砌块隔墙、轻钢龙骨石膏板隔墙。高级酒店客房之间隔墙隔音设计要求，一般其隔音效能为"邻房的电视机及高声谈话只是勉强听得到"，这就要求必须采取减轻声音的传播措施。

（二）隔音墙建装方法

1. 钢制龙骨隔墙

为了保证隔墙的隔音效果，隔墙一般采用双层龙骨、双层隔音棉。双层龙骨之间留有空气间隙，借鉴了铝合金的断桥隔热隔音方法，双层龙骨间没有直接接触，隔绝固体传音；隔音棉的作用是吸收声音，降低声音的传播（即振幅），以保证好的隔音效果。双层隔声结构的两层，不宜用相同厚度的同一种材料，以避免这两层出现相同的共振频率，而降低隔音效果。

2. 加气混凝土砌块隔墙

在砌块隔墙上，做一层沥青阻尼层（降低振幅），在阻尼层 20 毫米外做轻钢龙骨石膏板墙，墙体内填充吸音棉，轻钢龙骨板墙上下固定，不能与加气混凝土砌块隔墙有刚性连接，否则会阻断或降低墙体的"固体声桥"作用。

3. 其他墙体施工的隔音措施

所有电线管道、线槽等通过间墙及电力插座边缘，都应该加上隔声填缝胶以及挤满在所有形成的空隙里。如果是多层式石膏板墙，所有石膏板之间应为交错连接。石膏板墙上的检修口位必须以发泡胶密封。因穿孔造成的缝隙，在 25 毫米以下的，可使用玻璃棉或防火涂料密封。

4. 墙面涂料装修要求

内墙、纸面石膏板顶刮腻子刷涂料。施工包含内容：基层清理、阴阳角找方、线口补直、界面刷胶、转角处贴耐碱抗裂布、刮腻子找平、打磨、面层乳胶漆、活完场清等全部工序。具体建筑做法如下。

（1）基层清理、20~30 毫米厚粉刷石膏一道，砌筑墙体与框架结构接茬处设耐碱抗裂布一道。

（2）内墙耐水涂料腻子两遍、涂料两遍。

三、酒店家具配置

酒店家具作为酒店设计风格的载体之一，是体现不同的文化特征和提供不同功能服务的主要元素。专业的酒店家具给客户营造一种独特的酒店文化氛围，从最细微处体现对人的体贴，家具与酒店的室内环境融为一体，相得益彰。

（一）酒店家具类型

客房家具八大风格分别为：现代前卫、现代简约、雅致主义、新中式、新古典、欧式古典、美式乡村主义以及地中海风格。

（二）酒店类型决定酒店家具风格

酒店类型有度假型、商务型、别墅型、主题酒店、综合性酒店等。商务型酒店家具多以商务功能为主，现代经典风格居多，因其多在市中心，房间面积小，家具以简洁现代风为主；度假型酒店以接待休假的客人为主，多兴建在海滨、温泉、风景区附近，需要考虑配备防潮湿、耐腐蚀和休闲味道更浓郁的家具，比如滕编家具、户外铁艺家具，强调自然风；观光型酒店主要为观光旅游者服务，以独特的酒店主题文化吸引来自世界各地的游客，这类酒店的家具配置依据原创酒店本身的设计配套进行，不能太过于大众化，其艺术性和本土性更强，给游客留下深刻的印象。

（三）酒店客房通用家具配置（表4-9）

表4-9　酒店客房通用家具配置

	床托	张	2
	床垫	张	2
	行李架	张	1
	写字台	张	1
	沙发	张	1
标准间	茶几	张	1
	写字台灯	盏	1
	床头柜	张	2
	写字台椅	张	1
	床头灯	盏	2
	落地灯	盏	1

续表

套间	床托	张	1
	床垫	张	1
	行李架	张	1
	写字台	张	1
	沙发	组	1
	茶几	张	1
	贵妃椅	张	1
	角几	张	2
	写字台灯	盏	1
	床头柜	张	2
	写字台椅	张	1
	床头灯	盏	2
	落地灯	盏	2

（四）客房家具配置要求

1. 座椅

写字台椅子（高度、舒适性、颜色）必须能完全推进写字台下。

2. 橱柜

过道衣柜的设计要考虑行李箱和挂衣空间，小件衣物的不同分区，不同性质的酒店对衣柜空间的大小的要求也不一样。如城市商务酒店的衣柜较小，因为顾客停留的时间一般较短；休闲度假类的酒店一般衣柜设计的较大些，因为顾客都是一家人出游，住的时间也较长。

3. 照明和灯具

按照功能选购。台灯按照功能可分为阅读台灯、装饰台灯。阅读台灯，灯体外形简洁轻便，是专门用来看书写字的台灯，这种台灯一般可以调整灯杆的高度、光照的方向和亮度，主要是照明阅读功能；装饰台灯外观豪华，材质与款式多样，灯体结构复杂，用于点缀空间效果，装饰功能与照明功能同等重要。因此可根据酒店的具体需求来选择。

选购书写台灯时，除了检查光学性能外，还应检查其他性能，具体检查步骤如下。

（1）一拉 "拉"是指将电源线插头拔离插座，用力将电源线拉向灯腔外，看电源线的连线是否牢固。电源线不能从灯腔中脱落。

（2）二调 "调"是指调节台灯的各个工作位置。调节时，不能发出响声，调节后工作位置应能方便可靠地锁紧。

（3）三摇 "摇"是指将台灯调至最不利的工作位置，然后轻轻摇晃台灯放置的平面，看台灯是否容易翻倒，台灯平稳性不好，就容易翻倒。

（4）四触摸 "触摸"是指将台灯点亮一段时间（2小时）后，用手触摸灯罩等使用时容易触及的发热部件是否烫手，以防日后使用时被意外烫伤。

安全性。在选择灯具时不能一味地贪图便宜，而要先看其质量，检查质保书、合格证是否齐全。有时最贵的并不一定是最好的，但太廉价的一定是不好的。很多便宜灯质量不过关，往往隐患无穷，一旦发生火灾，后果不堪设想。台灯的风格样式。酒店客房台灯的选购要根据酒店的整体风格，要与客房环境相匹配，这样才能给客人留下一个好的印象。

四、客房卧床

（一）床垫规格

卧床的设计单人床 1200×2000 为标准式厘米，但根据实际需要可做调整，如走道过窄不能满足基本功能，可以让床缩短至1900厘米，宽度根据客房的等级可以调整为 1200~1500 厘米，床高根据家具的风格可以控制在 480~600 厘米范围。

（二）弹簧及支架

1. 床垫的弹性

为了辨识床垫的弹性是否良好，您可以用膝盖试压床面，或是在床角坐下来，试试受压的床垫是否很快恢复原状，一张弹性佳的好床垫，受压后可马上恢复原状。

2. 床垫材料

一般由乳胶制作成的乳胶床垫具有高弹性，可以满足不同体重人群的需要，其良好的支撑力能够适应睡眠者的各种睡姿。且无噪声、无震动，有效提高睡眠质量。

3. 床垫选择

床垫的辨识方法是躺下来左右翻转，好的床垫，绝对没有凹凸不平，床缘下陷或内衬移动的现象。在床垫上试睡时，好床垫能使人的脊椎保持自然的伸展度，与肩、腰、臀完全贴合，不留丝毫空隙。同时，酒店在选择床垫时，不要光看花色或者价格，要选择信誉卓著的品牌，且服务体系完善的公司，这样才可以确保售后的相关服务。

（三）床的经营竞争特性

根据酒店不同的定位或者面向的人群来定制最适合本酒店的床垫，不仅能使酒店所选购的床垫质量和舒适度得到保证和匹配，也突出了酒店的差异化，并可以提升酒店的市场竞争力。

（四）可燃性标准

床垫必须符合家具可燃性新标准 TB 117–2013。

（五）床垫的床虱消杀

床虱也叫臭虫，它群居于床榻、木器家具、天花板、地板、墙壁等的缝隙中，通常夜间活动，白天则潜伏在上述场所，专门在夜间吸食人血。人被床虱叮咬后，常引起皮肤发痒，过敏的人被叮咬后有明显的刺激反应，伤口常出现红肿、奇痒，如搔破后往往引起细菌感染。床虱会传播多种疾病，如回归热、麻风、鼠疫、小儿麻痹、结核病、锥虫病、东方疖、黑热病等。床虱的附着能力特强，可以依附在行李、旅行袋、鞋子等中，随着这些物体的流转散播。一般而言，床虱有人工捕捉、沸水浇烫、高温太阳曝晒以及防止散布、化学药物防治等消灭方法。

五、酒店客房地毯

（一）地毯材料与选择依据

地毯的材料可分为毯面材料、初级背衬、防松涂层、次级背衬及黏合剂。不同的地毯所用材料也不同。

1. 地毯的绒头密度

可用手去触摸地毯，其产品的绒头质量高，毯面的密度就丰满，这样的地毯弹性好、耐踩踏磨损、舒适耐用。消费者千万别采取挑选长毛绒的方法来挑选地毯，表面上看起来绒绒乎乎好看，但绒头密度稀松，绒头易倒伏变形，不抗踩踏，不耐用。

2. 色牢度

选择地毯时，可用手在毯面上反复摩擦数次，看手上是否粘有颜色，如粘有颜色，则说明该产品的色牢度不佳，在使用中易出现变色和掉色。

3. 地毯背衬剥离强力

簇绒地毯的背面用胶乳粘有一层网格底布，在挑选该类地毯时，可用手将底布轻轻撕一撕，看看粘接力的程度，如粘接力不高，底布与毯体就易分离，这样的地毯也不耐用。

（二）地毯维护

地毯的维护工作内容主要是吸尘、除渍和清洁。

1. 吸尘方法

地毯需要每天用 ID300 直立式吸尘机清理，如果没有 ID300 直立式吸尘机，可以用桶式 ID18 静音吸尘器吸尘清理，不要等到大量污渍及污垢渗入地毯纤维后清理，只有经常清洁，才易于清洗。在清洗地毯时要注意将地毯下面的地板清扫干净。而且一定要均匀使用，地毯铺用几年以后，最好调放一下位置，使之磨损均匀。一旦有些地方出现凹凸不平需要轻轻拍打，或者用蒸汽熨斗轻轻熨一下。

2. 除渍方法

地毯上出现的各种污渍需及时处理，可以用专业的相适应的 J21 地毯除渍剂去除。地毯去渍程序如下。

（1）准备工具　牙刷、喷壶、干抹布、地毯除渍剂、清水。

（2）识别污渍　如口香糖、酒、茶水、要对这些污渍先处理一下，再用地毯除渍剂。

（3）使用地毯水　把地毯除渍剂喷在污渍中心位置、用牙刷从外向内刷。

（4）清水　用清水多过几遍，用干抹布使劲压干。

3. 清洁方法（表4-10）

表4-10　清洁方法

清洗形式	周期	常用方法
表面清洗	十五天至一个月	用IF17偏心单擦机配IFG6电子打泡机一起使用，加上J8干泡地毯剂进行清洗处理，J8干泡地毯剂有快速分解和还原本色的作用，且挥发迅速，经清洗和吸水工序后，2~3小时地毯就能正常使用
彻底清洗	二至三个表面清洗周期后	就必须用三合一地毯抽洗机进行一次彻底清洗，主要是为了把沉淀于地毯根部的沙土、污渍除去，而且彻底的除尘杀菌。主要方法是用IE410三合一地毯抽洗机配J1超浓缩地毯粉以强力浸透和分解，以强力吸水作用把污渍吸走，用地毯抽洗机一边清洗一边吸干水分，经清洗过的地毯，约5小时后，地毯可正常使用
特殊处理	特定需求时间	用大功率吸尘器全面吸尘 用专用的地毯清洁剂对地毯上边的油渍、果渍、咖啡渍单独进行局部特别处理 稀释高泡地毯清洁剂，将稀释好的高泡注入水箱，并均匀的喷洒到地毯表面 用手刷处理地毯边缘、角落和机器难以推到之处 用装有打泡器、地毯刷的单盘扫地机以干泡刷洗的方式清洗地毯 让清洁剂在地毯表面作用一会儿，然后重复作业 用地毯梳梳起地毯纤毛加快地毯干燥 采用开窗或使用吹风机等方式使地毯完全干透 用吸尘器吸去污垢和干泡结晶体结束清洗

六、客房地面材质与养护

（一）弹性地面

弹性地面脚感较软，色彩丰富，吸音效果可达21分贝；无放射性物质，清理和保养费用较高，耐磨性能极高；耐压性能较好，怕水，抗菌防霉、抗化学药剂腐蚀、抗静电、导电性能低；防滑、阻燃，可再生利用。

（二）木质地面

木质地面脚感柔软、色彩丰富性较少、吸音最高10分贝、有放射性物质、清理和保养费用较高、耐磨性能较好、耐压性能好、会有渗漏、不抗菌防霉、抗化学药剂腐蚀、导电性能低、滑、阻燃、不可再生。

（三）硬质地面

硬质地面较硬、色彩丰富性较少、吸音最高10分贝、有放射性物质、清理和保养费用低，保养简便、耐磨性能达到6000次、耐压性能一般、怕水、不抗菌防霉、抗化学药剂腐蚀、不导电、防滑、阻燃、不可再生。

（四）石材地面保养维护

石材地面在日常保养中不能使用或接触任何酸性清洁剂，如草酸、"康洁"等，但可打蜡或晶面处理。如要对其他设备使用酸性清洁剂进行清洁（如坐便器），盛装酸性清洁剂的瓶子不能随意放置在任何石材面上。因可能有遗留在瓶子外壁上的残留液体对石面造成损坏。

任务训练

一、任务实训

根据本课内容对客房地毯污渍种类进行清洁处理，并将处理方法和效果在班内分享。

二、要求组成学习小组，完成课堂讨论

1. 学习小组讨论的规则是：在独立思考后，仍有疑惑需要解决，先是一帮一，两人间的讨论，如还有困难，再扩展为4人或5人间的讨论。如遇到较难的问题记录下来，班级讨论。

2. 学习小组讨论的形式有：

（1）自由发言式　学生可以在小组中自由发言，同学们热烈讨论，各抒己见。

（2）轮流发言式　小组成员围绕一个中心问题挨个发言，一人不漏。

（3）一帮一讨论式　当部分学生在难题面前尽最大努力也不能解决，而教师又无法加以个别指导的时候就可以采用这种讨论方式。

参考文献

1. 蔡万坤. 饭店管理概论 [M]. 北京：高等教育出版社，2009.
2. 张永华. 前厅服务与管理 [M]. 西安：西北工业大学出版社，2009.
3. 姜倩. 饭店前厅部高效管理 [M]. 北京：旅游教育出版社，2008.
4. 薛秀芬. 前厅与客房管理 [M]. 大连：大连理工大学出版社，2011.
5. 唐羽，郑新娜. 前厅客房服务与管理实训教程 [M]. 北京：北京交通大学出版社，2012.